mandelbaum *verlag*

Boris Previšić

CO_2: FÜNF NACH ZWÖLF

Wie wir den Klimakollaps verhindern können

Unter Mitarbeit von Andreas Bäumler
Illustrationen von Ralph Sonderegger

mandelbaum *verlag*

Drucklegung unterstützt durch
die Forschungskommission der Universität Luzern.

mandelbaum.at • mandelbaum.de

ISBN 978-3-85476-871-5

2., durchgesehene Auflage 2023

Lektorat: MARGOT FISCHER
Satz: KEVIN MITREGA
Umschlag: MICHAEL BAICULESCU
Druck: PRIMERATE, Budapest

Inhalt

Ins Offene gesprochen

Seit Beginn der Industrialisierung wird es immer enger auf unserer Erde – in den letzten fünfzig Jahren exponentiell. Dies hat zwar auch mit der immer noch wachsenden Weltbevölkerung zu tun. Aber nicht nur, wie ich in diesem Buch noch zeigen werde. Vielmehr steigert sich der Konsum jeder Person, welche Zugang zu unserem Wirtschaftssystem hat, weiterhin – und dies proportional zu ihren eigenen verfügbaren Mitteln. Doch die Ressourcen der Erde erschöpfen sich, und vor allem ist sie nicht mehr imstande, den Abfall unserer überbordenden Lebensweise zu schlucken. Es ist nicht die Menschheit an sich, die ihre Lebensgrundlage zerstört, sondern die Illusion der Grenzenlosigkeit. Diese Illusion handelte sie sich mit der Besiedelung der »Neuen« Welt durch Europäer und vor allem mit der Erkenntnis der Unendlichkeit des Alls ein, in dem weder Erde noch Sonne das Zentrum bilden. So beginnt der Mensch, die angebliche Unendlichkeit von Raum und Zeit mit der Begrenztheit des eigenen Lebensraums zu verwechseln. Dabei bildet nicht einmal unser Planet in seiner Gesamtmasse unsere Lebensgrundlage, sondern lediglich seine Oberfläche, auf der Leben möglich ist: die Biosphäre. Sie ist von vier eng aufeinander angewiesenen sensiblen Systemen abhängig: Wasserkreislauf, Atmosphäre, Lebewesen und Boden. Gerät nur ein System – und nicht wie heute alle zugleich – unter Druck, fallen die anderen ebenfalls aus dem Gleichgewicht, welches für die komplexen Lebensformen, die unsere Erde heute bevölkern, unabdingbar ist. Ohne sie können wir Menschen nicht leben.

Die Vorstellung von grenzenloser Expansion bleibt eine Idee und lässt sich im Rahmen der Biosphäre nicht verwirklichen. Kein anderes Lebewesen hatte zu irgendeinem Zeitpunkt der Erdgeschichte einen größeren Einfluss auf seine Lebenswelt als wir. Seit es uns als Spezies gibt, haben wir andere Arten ausgerottet, haben ganze Landstriche verwüstet. Dennoch stehen wir heute an einem Punkt, der selbst in unserer eigenen Geschichte einmalig ist: Noch nie hat eine einzige Art die Biosphäre insgesamt so plötzlich in Gefahr gebracht zu kollabieren. Und das bei vollem Bewusstsein. Noch vor wenigen Jahrhunderten oder – je nach Wissensstand – sogar noch vor wenigen Jahrzehnten hätten wir gewisse Ereignisse einfach als Schicksalsschlag verstanden: So fühlten wir uns Überschwemmungen hilflos ausgeliefert, bis wir wussten, dass man etwas Konkretes dagegen tun kann, indem man beispielsweise Wälder wieder aufforstet.

Doch der Wissenszuwachs brachte kaum Veränderungen im Verhalten. Nach wie vor werden weiträumig Flächen gerodet oder durch Bauwerke und Straßen versiegelt, wird massenhaft produziert und konsumiert und weggeworfen, gestreamt und gedüngt und gespritzt, transportiert, gekühlt, geheizt und gereist, auf dass die Wirtschaft weiter wächst, wobei vor allem ihr Ressourcenverbrauch weiter steigt – und damit einhergehende Schäden irreparabel werden. Selbst ein weltweites Aufforsten könnte die Klimaschäden gegenwärtig nicht mehr rückgängig machen.

Wir sind erstaunt, mit welcher Vehemenz, mit welcher Geschwindigkeit und wie weit in die ferne Zukunft hinaus wir uns unsere eigene Lebensgrundlage entziehen. Die Erklärung dafür ist naheliegend: Die Verschmutzung und Zerstörung von Süßwasserreserven, Luft und Böden bleibt als Problem mehr oder weniger lokal begrenzt. Dagegen hat nichts einen direkteren globalen Einfluss als der Eintrag von Klimagasen in unsere Atmosphäre, welche dadurch stärker isoliert wird und sich daher zusätzlich erwärmt. Zu den Klimagasen, die der Mensch in die Atmosphäre einträgt, gehört in erster Linie CO_2, aber auch Methan, Lachgas und die verschiedensten Fluorkohlenwasserstoffe (▸ *CO_2 als Hauptproblem innerhalb der planetaren Grenzen*). Im Unterschied zu den lokal begrenzten Auswirkungen unseres Tuns und Unterlassens kann jedes ausgestoßene Kohlendioxidmolekül Wirkung irgendwo auf unserem Planeten zeitigen. Und der Einfluss auf die anderen Systeme der Biosphäre steigt rasant, seit wir in den 1980er Jahren die

Grenzen eines noch vielleicht vertretbaren Klimagasgehalts in der Atmosphäre endgültig überschritten haben. Und so wird es auf unserer Erde zu eng. Es ist fünf nach zwölf.

AM ENDE DER SYMBOLPOLITIK

In weiten Kreisen der Bevölkerung bleibt das Wissen um die Dimensionen der Problematik weiterhin diffus – ein idealer Nährboden für »Skeptiker« oder »Zyniker«, welche die Globale Erwärmung ignorieren oder negieren bzw. nach uns sowieso nur noch die Sintflut kommen sehen. Das Buch hat zum Ziel, in dieser Situation Klarheit zu schaffen und darauf aufbauend Lösungswege und Perspektiven aufzuzeigen. Es versucht, eine kohärente Argumentation zu entwickeln, welche neueste wissenschaftliche Erkenntnisse in vorstellbare Szenarien übersetzt. Denn erst, wenn wir die konkreten Dimensionen des Problems kennen, können wir es auch gezielt angehen – und dies möglichst ohne ideologisch motivierte und manchmal auch wieder schnell überholte Handlungsanweisungen.

Uns bleibt kaum mehr Zeit, noch die richtigen Lösungen anzuwenden, damit wir unsere Biosphäre nicht gänzlich zerstören. Denn inzwischen haben wir Kipppunkte erreicht und Rückkopplungseffekte angestoßen, welche der Erderwärmung zusätzlich einheizen: So hat sich beispielsweise das Eis des Nordpolarmeers in den letzten Jahren drastisch reduziert. Die dicke Eisschicht hatte das Wasser vor Sonnenstrahlung geschützt. Überdies reflektiert das Weiß der Eisflächen Wärmestrahlung wesentlich besser als das dunklere Wasser. Dadurch wird nicht nur zusätzliche Wärme auf der Erde zurückgehalten, weil es mehr Klimagasmoleküle in der Atmosphäre hat, sondern auch weil das Wasser noch viel mehr Wärme speichern kann. Weitere Kipppunkte erreichen wir, wenn das Festlandeis auf Grönland oder in der Antarktis bis zu einem bestimmten Grad abschmilzt, ab dem sich der Vorgang auch ohne weiteren Temperaturanstieg fortsetzt, oder wenn Methan, das um ein Vielfaches klimaaktiver als Kohlendioxid ist, aus auftauenden Permafrostböden entweicht.

Expertinnen und Experten aus den Klima- und Erdwissenschaften warnen schon lange vor den unvorhersehbaren Folgen, weil der Klimagasgehalt in der Luft seit Menschengedenken und weit darüber hinaus noch nie so hoch war. Wir sind dringend angehalten, unser Leben in Produktion und Konsum so auszurichten, dass wir nicht weiter fossile Brennstoffe wie Kohle, Erdöl und Erdgas verbrennen müssen, d. h. vollständig zu dekarbonisieren und unsere Atmosphäre ebenso zu schützen wie unser Trinkwasser. Doch es bleibt ein Graben zwischen den Klimamodellen, konkreten Wetterereignissen und unserer Vorstellungskraft. Die Klimaerwärmung der letzten Jahre folgt ziemlich genau den wissenschaftlichen Szenarien der Vergangenheit. Damit ändert sich der sprachliche Duktus von einer eher distanzierten, objektivierenden Beschreibung unterschiedlicher Wahrscheinlichkeiten hin zu einem Appell – wovon die Naturwissenschaftler und Naturwissenschaftlerinnen eigentlich bisher Abstand genommen haben. Ein Appell, der inzwischen weit über die Klimabewegung hinaus artikuliert wird.

Es ist auch Aufgabe einer anderen, einer auf die menschliche Vorstellungskraft spezialisierten Wissenschaft wie Psychologie oder Literaturwissenschaft, Erkenntnisse und Zusammenhänge in nachvollziehbare Bilder und Erzählungen zu übersetzen. Wir stehen mitten in einer massiven globalen Klimaerwärmung. Ein einziger Flug vernichtet all meine kleinen Bemühungen, welche ich über Jahre hinweg unternommen habe: Abfalltrennung, die Benutzung von öffentlichen Verkehrsmitteln, der Verzicht auf Plastiktaschen, auf Fleischkonsum usw. Wir können es uns definitiv nicht mehr leisten, nur noch Sensibilisierungskampagnen zu führen, unsere kleinen vorbildhaften Projekte ins Rampenlicht zu stellen und Symbolpolitik zu betreiben, um so unser Gewissen zu beruhigen. Die Zeit des Ablasshandels ist vorbei – obwohl wir an der Madrider Klimakonferenz im Dezember 2019 nochmals Zeugen werden mussten, wie Vertreter der Erdöl-, Gas- und Kohlenförderung ihr unehrliches Spiel der Kompensationen durchsetzen wollten. Kompensationen, die man doppelt – aufseiten des Käufers

(z. B. China) und aufseiten des Verkäufers (z. B. Brasilien) – anrechnet, sind nur dumme Trickspielerei. Aus diesem Grund war die Klimakonferenz in Madrid zum Scheitern verurteilt.

Doch selbst »ehrlich« gemeinte Kompensationen, die darauf abzielen, dass Andere in Zukunft nicht mehr dieselbe Menge an Klimagasen emittieren, die ich verursacht habe, verlagern nur das Problem. Solche Kompensationen verlangsamen nämlich den Innovationsschub beträchtlich. Anstatt ganz auf erneuerbare Energieträger zu setzen, investieren reiche Länder weiterhin in eine Technologie von gestern und kaufen sich möglichst günstig frei, meist in Ländern, deren finanziellen Möglichkeiten viel beschränkter sind. Die Transition ist ein leeres Versprechen. Wir brauchen den Bruch. Unsere Aktivitäten sind möglichst rasch zu dekarbonisieren, und der absolut unvermeidbare Rest an CO_2, das beispielsweise aus der Produktion überlebenswichtiger Güter stammt, ist in Form von stabiler Biomasse abzulagern, in Wäldern, Mooren oder Meeren. Die immer öfter auftretenden und die zum Teil noch nie dagewesenen Wetterkapriolen der letzten Jahre führen uns deutlich vor Augen, dass wir die CO_2-Konzentration in der Atmosphäre zusätzlich wieder auf ein Niveau zu reduzieren haben, welches die über Tausende von Jahren relativ stabilen Verhältnisse menschlicher Zivilisation nicht gänzlich aus den Angeln hebt. Doch die Reduktion der atmosphärischen Klimagaskonzentration ist ein Kraftakt par excellence, weil wir in der Größenordnung, in der wir die letzten vier Jahrzehnte Klimagase ausgestoßen haben, diese wieder aus der Luft entfernen müssen. Es wird sich um eine eigene Industrie handeln – die sich am besten Pflanzen zur Hilfe nimmt. Wir werden im letzten Kapitel genauer darauf eingehen (▸ *Konkrete Lösungen für die Kohlenstoffrückbindung*).

In fataler Weise haben wir uns in den letzten drei Generationen von fossilen Energieträgern abhängig gemacht. Und kaum jemand kann sich die täglichen weltweiten Klimagas-Emissionen überhaupt vorstellen. Der Kohlendioxidanteil in der Atmosphäre steigt jedes Jahr rasant. Selbst in der Erdgeschichte, welche Millionen von Jahren vor der ein paar tausend Jahre alten Menschheitsgeschichte untersucht, trifft man nie auf einen solch schnellen Anstieg. Einerseits gab es in Millionen von Jahren keine so starke Klimaerwärmung wie gegenwärtig. Andererseits war die menschliche Zivilisation noch nie so abhängig von einem stabilen Klima, das wir aus den letzten zehntausend Jahren kennen. Noch nie hat man Infrastrukturen so nah an Flüsse, die über das Ufer treten, oder Städte so direkt ans Meer gebaut, dessen Spiegel unweigerlich weiter steigen wird. Der Kohlendioxidausstoß seit der Industrialisierung zerstört unsere Atmosphäre in ihrer bisherigen Funktion als idealen Schutz vor Strahlung, Kälte und Wärme aus dem Weltraum und bringt weitere bisher stabile Kreisläufe in der Biosphäre zum Kollabieren.

Woher nehmen wir das Recht für dieses so gefährliche Verhalten? Wirtschaftsführer rechnen weiterhin kurzfristig, und die Verantwortlichen aus der Politik ziehen weiterhin mit. Sie wollen nicht ihre Wählerschaft vergraulen. Unabhängig vom System ist die Verflechtung von Wirtschaft und Politik eng und erweist sich gerade in Bezug auf die Folgen der Globalen Erwärmung als problematisch, weil der Zeithorizont Gerechtigkeit über Generationen hinaus einfordert. Doch in der Vergangenheit hat die Menschheit immer wieder gezeigt, dass sie anstehende Probleme zu lösen imstande ist. Allerdings meist nicht in linearen, sondern in höchst disruptiven Prozessen. Wir können und dürfen davon ausgehen, dass das Problem lösbar ist. Umso mehr ist es zu analysieren und vor allem vorstellbar zu machen. Wir konzentrieren uns nicht auf Katastrophenszenarien, sondern auf mögliche Lösungsansätze, welche bereits in der Problemstellung angelegt sind. Vielleicht vergisst man bei der Fixierung auf die bereits eingetroffenen und kommenden Katastrophen, dass allein wir gefordert sind, die wir auch hauptsächlich für die heutige Misere verantwortlich sind.

DEMÜTIGES HANDELN

Kurz nach dem Pariser Klimaabkommen im Dezember 2015 war zwar ein verstärktes Problembewusstsein zu beobachten. Doch der Grundtenor lautete meist, es ließe sich sowieso kaum etwas ändern – obwohl die Vorgaben klar waren. Zum einen könne man als Individuum sowieso nichts ausrichten, solange Wirtschaft und Politik keine Kehrtwende machten und weiterhin auf fossile Energieträger setzten. Zum anderen befriedige das System auch wieder Bequemlichkeiten, an die wir uns inzwischen gewöhnt hätten und nach denen die gesamte Weltbevölkerung strebe – womit wir die hehren Ziele der Dekarbonisierung sowieso auf den Sankt Nimmerleinstag verlegt hätten. Ein Teufelskreis, der in das Grundgefühl von Resignation mündete. Wir waren geradezu darauf spezialisiert, die Schuld dem Gesamten oder auch einfach den »Anderen« zuzuschreiben: Was nützt schon eine dekarbonisierte Lebensweise, wenn der Nachbar umso mehr Klimagase ausstößt? Was soll das kleine Europa, das inzwischen den Klimanotstand ausgerufen hat, angesichts der aufstrebenden Wirtschaftsmächte wie China, Indien oder Indonesien? Noch im Herbst 2018, als ich die Vorlesung zu CO_2 als größter Herausforderung unserer Zeit hielt, war die Stimmung gedrückt, geprägt von Ratlosigkeit angesichts der Unbekümmertheit der Allgemeinheit. Bis zur UN-Klimakonferenz in Katowice 2018, bis zum ersten Aufbäumen der Klimajugend. Seither ändern sich die Diskurse in einer Weise, dass sich der Abstand zwischen Wissen und Handeln langsam zu schließen verspricht. Weder wir als Individuen, noch die Verantwortlichen in der Wirtschaft lösen das Problem. Gerade die Player aus Politik und Rechtsprechung haben zusammen zu spannen und verbindliche Vorgaben einzuführen, um ihren Rollen wieder gerecht zu werden und tatsächliche Kostenwahrheit und Klimagerechtigkeit einzufordern. Wenn beispielsweise das niederländische Verfassungsgericht die Regierung ab 2020 zu der Emissionsreduzierung zwingt, wozu sich das Land früher verpflichtet hat, dann beginnt das Zusammenspiel zu greifen. Erst so eröffnen wir uns einen Handlungsspielraum, der auf die vollständige Dekarbonisierung abzielt und verantwortungsvolle Entscheidungen belohnt.

Gegenwärtig gibt es sehr unterschiedliche Varianten, auf die Globale Erwärmung zu reagieren und diese zu thematisieren. Im Prinzip sind drei Hauptströmungen auszumachen, welche weiter unterteilt werden können. Eine erste Gruppe versucht, möglichst nicht auf die anthropogene Klimaerwärmung zu reagieren, leugnet diese entsprechend – unterstützt von weltweiten Netzwerken[1] – oder sieht den Zwang zu stetigem ökonomischen Wachstum unausweichlich in unserer heutigen Gesellschaft verwurzelt, weil sonst das ganze politische System zusammenbrechen würde. Eine zweite Gruppe ist sich zwar des Problems bewusst, reagiert aber nicht adäquat darauf, sondern richtet sich in nationalen oder ökologischen Nischen ein, ohne selbst verantwortungsvolles Verhalten zu übernehmen. Man begnügt sich mit einer reinen Symbolpolitik, welche das Ökologische als Lifestyle inszeniert und/oder in der man sich vom Greenwashing-Diskurs der Politik oder Wirtschaft beeindrucken lässt. Schließlich ist eine dritte Gruppe auszumachen, welche möglichst adäquat auf die Globale Erwärmung zu reagieren versucht.

Doch wie die bisherigen beiden Gruppen, welche gar keine oder keine adäquaten Maßnahmen im Privaten wie im Öffentlichen ergreifen, führt auch die dritte Gruppe diametral verschiedene Diskurse, die aber auf Lösungen abzielen: Auf der einen Seite widmet man sich im Zuge der sogenannten Energiewende rein technizistischen Zukunftsprojektionen; auf der anderen Seite drängt man zu einem ganzheitlichen Lösungsansatz, der sich ganz der terrestrischen Wende verschreibt.[2] Während die eine Hälfte alles auf Quantifizierbarkeit und Rationalisierung setzt, zeichnet sich die andere Hälfte durch einen manchmal abgehobenen Diskurs aus, um den Menschen als Teil seiner Bio-

1 Carole Koch, Boas Ruh: Der Klimakrieg. Ein internationales Netz von Klimaskeptikern greift Forscher an. In: NZZ am Sonntag, 10. März 2019.

2 Bruno Latour: Das terrestrische Manifest. Berlin 2018.

sphäre zu verstehen und entsprechend auch zu leben. Natürlich kennen wir unseren Hang zur zweiten Gruppe, zu Symbolpolitik und Greenwashing, weil es im Moment noch bequemer ist, so zu leben. Doch erst die emotionale Einbettung des technizistischen Diskurses, welcher mit genauen Kennzahlen operiert, in die Biosphäre ermöglicht einen Ausgleich durch die jeweilige Gegenseite. So kann man sich nie in einer Ideologie einrichten, sondern ist auf die *Checks and Balances* eines *à jour* gehaltenen Wissens und eines entsprechend konsequenten Denkens und Handelns angewiesen. Auch spielen wir den Machbarkeitswahn nicht mehr gegen eine hilflose Esoterik oder Religiosität aus, sondern üben uns in einer handelnden Demut vor Ort im Bewusstsein ihrer globalen Auswirkung. Das ist unbequem, das ist diskursintensiv. Aber es lohnt sich.

DIE NEUE ERZÄHLUNG

Die Vehemenz erstaunt nicht sonderlich, mit welcher gegenwärtig über Klima, Selbstverantwortung und Politik diskutiert wird – sowohl in Kommentarspalten der Print- und Onlinemedien als auch im direkten Gespräch im institutionellen oder privaten Rahmen. Entscheidend ist deshalb, die Quantitäten, ihre Verhältnismäßigkeiten und vor allem ihre Perspektiven zu kennen. Zahlen von Mengen und Zeiten räume ich in der Erzählung genug Platz ein. Dafür muss auch ich mir bekannte Diskurs- und Denkpfade verlassen. So werden zunächst die Problemdimensionen im Umgang mit unseren Lebensressourcen vorstellbar. Je genauer wir die Kontexte, die zusammenhängenden Systeme und Rückkopplungen kennen, desto besser sind wir imstande, konkret an Lösungen zu arbeiten, welche nicht mehr in die Zukunft projiziert werden und den kommenden Generationen die rasant größer werdende Last aufbürden, sondern im Hier und Jetzt ansetzen. Die Frage lautet: Wie bekommen wir unsere Geschichte von Problemvorstellung und Problemlösung in die geeignete Form – damit die Debatten konstruktiv werden?

Sichtet man das Material, welches zur Beziehung zwischen Klimagasen und Klimaerwärmung geschrieben worden ist und bezieht man die riesige Menge meist gut organisierter Texte, Bilder, Filme und Tonmaterial für Politik und Bildung ein, sieht man sich mit einer Unzahl gegenseitiger Verweise konfrontiert, die sich aus dem sehr dynamischen Wissenschaftszweig der Klimaforschung speisen und in denen man sich auch wieder verlieren kann. Deshalb schlägt dieses Buch eine möglichst nachvollziehbare Argumentation vor – sozusagen von A wie Analyse bis Z wie *Zero Emissions*, oder noch besser: bis R wie Rückbindung zur Senkung des atmosphärischen Klimagasgehalts. Der Konstruktionscharakter der Argumentation soll dabei stets offengelegt sein, um Revisionen in Zukunft fortwährend einbauen zu können. Denn es gibt gegenwärtig kaum ein dynamischeres Feld als dasjenige der Klima- und Klimafolgenforschung, aber auch der ökonomischen und technischen Opportunitäten wie der diskursiven Felder in Kunst, Recht, Sozial- und Geisteswissenschaft. Doch weder der Konstruktionscharakter der Erzählung, noch die wissenschaftliche Dynamik können die Aussagekraft schmälern oder – noch gefährlicher – zum Vorwand dienen, nicht zu dekarbonisieren. Vielmehr sind an der passenden Stelle die entsprechenden Bausteine für eine eigenständige Argumentation zu liefern. Die Zeiten der Inkohärenz sind vorbei, in denen man sich für den zu großen ökologischen Fußabdruck mit Understatement entschuldigte und so aus dem Schneider war. Dies gilt auf individueller wie institutioneller Ebene.

Zur Berechnung des **ökologischen Fußabdruck**s wird die beanspruchte biologisch produktive Land- und Wasserfläche ins Verhältnis zur global überhaupt verfügbaren Fläche gesetzt, um den Bedarf einer einzelnen Person, eines Haushalts, einer Nation oder der gesamten Menschheit zu produzieren und den erzeugten Abfall zu absorbieren. In den Industrieländern benötigt der Ausstoß von anthropogenem CO_2 aus der Verbrennung fossiler Energieträger über die Hälfte des ökologischen Fußabdrucks. Als biologisch produktive Landfläche wird die Waldfläche angenommen, die es braucht, um das CO_2 im Zuwachs an Biomasse zu binden. Es wird davon ausgegangen, dass diese Kohlenstoffsenke nicht wieder in die Atmosphäre gelangt (▸ *Die Verbrennung von Biomasse als Alternative?*). Noch problematischer ist der Einbezug der Wasserflächen, über die das Kohlendioxid absorbiert wird. Denn dadurch versauern die Weltmeere (▸ *Rückkopplungen Ozeanversauerung und Biodiversitätsverlust*). Im Wissen um die Unzulänglichkeit des Konzepts lohnt sich dennoch ein Blick auf eine möglichst genaue Analyse des eigenen ökologischen Fußabdrucks, wie sie beispielsweise der *Footprint*-Rechner des WWF bietet, der die nationalen Besonderheiten berücksichtigt.

DIE BASIS DER ERZÄHLUNG

Die Weltorganisation für Meteorologie (WMO) und das Umweltprogramm der Vereinten Nationen (UNEP) gründen 1988 den zwischenstaatlichen Ausschuss für Klimaänderungen (Intergovernmental Panel on Climate Change – IPCC), um Politik, Ökonomie und Wissenschaft mit den jeweils akkuratesten naturwissenschaftlichen, technischen und sozialwissenschaftlichen Bewertungen auf diesem Gebiet auszustatten. Die Reihe von IPCC beginnt 1990 mit Bewertungsberichten, Spezialberichten, technischen Artikeln, methodologischen Berichten und anderen Publikations- und Vermittlungsformen. Sie bilden – neben neueren Forschungsergebnissen – die Standardreferenzwerke für unsere Erzählung. Die ersten vier Sachstandberichte des IPCC wurden im Abstand von fünf und dann sechs Jahren 1990, 1995, 2001 und 2007 publiziert. Der *Fünfte Sachstandbericht* (AR5), die letzte vollständige Publikation des IPCC, erschien 2014. Er ist unterteilt in drei Bände, welche den drei Arbeitsgruppen entsprechen, und einen zusammenfassenden Band: *Die physikalischen Grund-*

lagen (I: *The Physical Science Basis*);[3] *Auswirkungen, Anpassungen und Verletzbarkeit* (II: *Impacts, Adaptation and Vulnerability*);[4] *Verhinderung von Klimawandel* (III: *Mitigation of Climate Change*);[5] und schließlich *Zusammenfassender Bericht* (*Synthesis Report*).[6] Jeder Band der drei Arbeitsgruppen umfasst gut 1.500 Seiten, jeweils begleitet von einer Zusammenfassung für die Politik (*Summary for Policymakers* [*SPM*]) im Umfang von 30 Seiten, einer Broschüre mit den FAQ und einem Film.

Die **Sachstandberichte des IPCC** sind die fundiertesten und die am besten austarierten Darstellungen des aktuellen Forschungsstands zum Klima. Es geht darin jeweils um die naturwissenschaftlichen, technischen und sozioökonomischen Faktoren der Globalen Erwärmung. Dabei fallen die Sachstandberichte eher konservativ aus: Studien haben gezeigt, dass die Zukunftsprognosen der IPCC-Berichte einige Aspekte tendenziell unterschätzen.[7]

3 IPCC: Climate Change 2014. The Physical Science Basis. Working Group I Contribution to the Fifth Assessment Report of the Intergovernmental Panel on Climate Change. Cambridge/New York 2014.

4 IPCC: Climate Change 2014. Impacts, Adaptation, and Vulnerability: Part A: Global and Sectoral Aspects. Working Group II Contribution to the Fifth Assessment Report of the Intergovernmental Panel on Climate Change. Cambridge/New York 2014; IPCC: Climate Change 2014. Impacts, Adaptation and Vulnerability: Part B: Regional Aspects. Working Group II Contribution to the Fifth Assessment Report of the Intergovernmental Panel on Climate Change. Cambridge/New York 2014.

5 IPCC: Climate change 2014. Mitigation of Climate Change. Working Group III Contribution to the Fifth Assessment Report of the Intergovernmental Panel on Climate Change. Cambridge/New York 2014.

6 IPCC: Climate Change 2014: Synthesis Report. Contribution of Working Groups I, II and III to the Fifth Assessment Report of the Intergovernmental Panel on Climate Change. Genf 2014.

7 Vgl. Keynyn Brysse et al.: Climate change prediction: Erring on the side of least drama? In: Global Environmental Change 23:1 (2013), S. 327–337, doi:10.1016/j.gloenvcha.2012.10.008.

Wir müssen uns vergegenwärtigen, dass selbst in Paris 2015 auf der Basis des Fünften Sachstandberichts (AR5) zwar verbindliche Verträge unterzeichnet wurden, deren Umsetzung aber auf freiwilliger Basis der einzelnen Länder erfolgt. Es sind zudem keine Boykott- bzw. Strafmaßnahmen vorgesehen, werden die versprochenen Ziele nicht eingehalten. Wir wiegen uns also in einer falschen Sicherheit, wenn wir denken, das Pariser Klimaabkommen 2015 habe es geregelt und wir seien nun auf dem richtigen Pfad. Im Gegenteil: Erstens werden die vorgeschriebenen Ziele bisher kaum oder überhaupt nicht eingehalten. Und zweitens sind diese Vereinbarungen wahrscheinlich massiv zu verschärfen, um das Klima zu retten. Neben der Dekarbonisierung auf dem vorgesehenen Absenkpfad wird die Übernahme von Verantwortung für die CO_2-Rückbindung bald geregelt werden müssen. Entsprechend werden wir sowohl die Dekarbonisierung als auch die Reduktion der atmosphärischen Klimagase in den Lösungsvorschlägen vertiefen.

Die Klimafrage über die Klimagase zu denken bedeutet zum einen Kritik am gegenwärtigen System. Hier geht es weniger um die Akteure und Gegenakteure in der Klimapolitik, sondern um die Vorbedingungen und damit um die Frage, warum die Problemstellung und Lösungsansätze für Politik, Gesetzgebung und Ökonomie noch nicht richtig fruchtbar gemacht werden. Zum anderen geht es um die Fakten und die Vorstellbarkeit von Mengen und Zeiten. Da es sich um ein globales Problem handelt und die Grenzen unseres Planeten betrifft, gilt der Kategorische Imperativ für den Einzelnen oder die Einzelne immer in Bezug auf die ganze Menschheit und ihre Lebensgrundlage. »Handle nur nach derjenigen Maxime, durch die du zugleich wollen kannst, dass sie ein allgemeines Gesetz werde.«[8]

Im Bewusstsein einer falschen Sicherheit, die Paris 2015 vermitteln könnte, bieten uns die bisherigen Reports des IPCC und

8 Immanuel Kant: Grundlegung zur Metaphysik der Sitten. Ausgabe der Preußischen Akademie der Wissenschaften. Berlin 1900ff., AA IV, S. 421.

die zugrunde liegende Literatur dazu wichtige Informationen. Da der *Sechste Sachstandbericht* (*Sixth Assessment Report*) voraussichtlich erst 2022 publiziert wird, müssen wir auf andere Berichte zurückgreifen, im Speziellen auf die Zwischenberichte der letzten Jahre, insbesondere auf den *Emissions Gap Report* 2017 und den *Special Report* 2018 »Global Warming of 1.5 °C«. Dort werden nicht nur die Reduktions- und Verhinderungsstrategien für Emissionen vorgestellt, sondern auch die Technologien für Negativemissionen – ein zentraler Aspekt der Lösungsansätze. Da die meisten Angaben ohnedies auf Messstreuungen beruhen, verwende ich bei Zahlen meist nur die zwei wichtigsten Ziffern. Das erlaubt uns eine Genauigkeit im einstelligen Prozentbereich und hält die Memorierbarkeit wie das Buch insgesamt einfach. Dennoch sind Zahlen gerade nicht abstrakte Parameter, sondern eingebunden in die Realität, von der wir direkt abhängen. Deshalb verzichte ich weitgehend auf den Diskurs über den Effekt von Zahlen – auch wenn er mir für ökonomische Durchdringungseffekte auf globaler Ebene sehr wichtig erscheint. In diesem Buch werden die Zahlen wenn möglich immer in unsere Vorstellungswelt übersetzt. Deshalb versuche ich, sie in unseren Erfahrungsbereich zu integrieren. Und deshalb bilden die Illustrationen von Ralph Sonderegger einen zentralen Bestandteil.

Dennoch muss ich eingestehen, dass mir persönlich die Reduktion auf das rein Visuelle auch nicht ganz behagt. Das sage ich von der Warte eines Musikers und eines Wissenschaftlers, dem der Sensualismus des 17. und 18. Jahrhunderts am Herzen liegt. Schon ein halbes Jahrhundert vor Kants Kategorischem Imperativ stellt der Musiktheoretiker und Musikpraktiker Johann Georg Neidhardt fest, dass man Zahlen nicht allein sehen und hören, sondern auch fühlen, schmecken und riechen könne.[9] Dem Frühaufklärer ist es ein Anliegen, dass alle Sinne miteinbezogen werden. Mit anderen Worten: Jede Zahl, welche wir im Zusammenhang mit

9 Johann Georg Neidhardt: Gänzlich erschöpfte, mathematische Abtheilungen. Königsberg/Leipzig 1737, S. 3.

CO_2 nennen, bildet nicht nur eine objektive Realität oder einen Diskurs ab. Vielmehr bedeutet sie im Alltag für jeden Menschen etwas und sollte schließlich direkten Einfluss auf unser Denken und Handeln haben. Das Diktum von Paracelsus gilt heute mehr denn je: »[A]llein die dosis machts, daß ein Ding kein Gift sei.«[10] Das Unwissen darüber, wieviel CO_2 eigentlich noch gut und wieviel schlecht ist, ist schon fatal genug. Noch fataler ist es, nicht zu wissen, welche globalen Auswirkungen mein eigenes Handeln hat und dasjenige meines Kulturkreises aus historischer Perspektive hatte.

GRUNDEINHEITEN DER KLIMAERWÄRMUNG UND (AGRAR-)KULTUR

Können wir uns die Grundeinheit, über die stets verhandelt wird, eine Gigatonne CO_2 überhaupt vorstellen? Seien wir doch ehrlich: Weil es sich um ein Gas handelt, verflüchtigt sich diese Gigatonne in unserer Vorstellung sehr schnell. Und da beginnen das Problem der Sinnlichkeit und die Notwendigkeit der Übersetzung von Zahlen in unsere Sinneswelt. Eine Gigatonne sind umgerechnet – wir kennen es von den Gigabytes unserer elektronischen Hilfsmittel – 1.000 Megatonnen, also eine Milliarde Tonnen bzw. eine Billion Kilogramm. Das sind zehn hoch zwölf Kilogramm Gas. Wahrscheinlich kann sich diese Menge in dieser Darstellung noch kaum jemand vorstellen. Übersetzen wir diese Gigatonne vor dem inneren Auge in die Dichte von Luft. Diese Dichte ist zwar abhängig davon, ob die Luft warm oder kalt ist, hoch in den Bergen oder auf Meereshöhe gemessen wird, doch nehmen wir der Einfachheit halber einmal an, sie wiegt etwa ein Kilogramm pro Kubikmeter.[11] Zehn hoch zwölf Kubikmeter kön-

10 Paracelsus: Die dritte Defension wegen des Schreibens der neuen Rezepte. In: Septem Defensiones 1538. Werke, Bd. 2. Darmstadt 1965, S. 510.

11 Bei 20 °C wiegt sie direkt auf der Meeresspiegelhöhe 1.2041 Kilogramm pro Kubikmeter. Damit wäre sie ein Fünftel schwerer als im Beispiel, das aber so gewählt wurde, damit es erstens auch in höheren Lagen mit abnehmender Dichte des Gases gelten und zweitens vor allem auch auf einen Durchschnittswert der gesamten Atmosphäre referieren kann.

1 Gigatonne
CO_2
10 km
Zürich

nen wir uns schon eher vorstellen, weil nun ein sichtbares Raummaß vorliegt: Es handelt sich dabei um einen Würfel mit einer Kantenlänge von insgesamt zehn hoch vier Metern, also von zehn Kilometern. Wenn wir nun diese Luft auf unsere Atmosphäre herunterbrechen, haben wir den Vorteil, dass der Luftdruck von einer Atmosphäre (als Maßeinheit) ungefähr dem Druck einer Luftsäule von zehn Kilometern Höhe entspricht. Die Atmosphäre ist natürlich höher, weil der Druck gegen oben abnimmt, die Luft immer weniger komprimiert ist und somit »dünner« wird. Eine Gigatonne CO_2 nimmt also eine Fläche von rund 100 Quadratkilometern ein.

Können Sie sich nun die Dimension unserer Gigatonne besser vorstellen? Sie spielt in allen Klimasachstandberichten und in allen Diskussionen um die Klimaerwärmung eine zentrale Rolle. Und sobald wir uns diese Gigatonne vergegenwärtigen, begreifen wir, warum wir die planetaren Grenzen unserer Erde in Bezug auf den CO_2-Ausstoß definitiv überschritten haben. Der Mensch hat seit Beginn des Industriezeitalters vor rund 200 Jahren bereits so viel Kohlendioxid durch die Verbrennung fossiler Energieträger in die Atmosphäre eingetragen, wie sie vorher bereits hatte: rund 2.000 Gigatonnen. Das entspricht also einer Fläche von 200.000 Quadratkilometern – ein bisschen mehr als der halben Fläche Deutschlands. Hätte man also alles CO_2, welches bisher ausgestoßen worden ist, gesammelt, hätte man damit Deutschlands halben Luftraum gefüllt. Und die totale Kohlendioxidmenge würde heute Deutschlands ganzen Luftraum ausmachen.

Bisher haben Vegetation und die Ozeane weit über die Hälfte absorbiert, sodass dieser Wert lediglich von 280 ppm (parts per million) auf gegenwärtig fast 420 ppm und nicht schon auf 560 ppm gestiegen ist. Bei den Millionsteln (parts per million) ist es in diesem Bereich am sinnvollsten, sich den Bruchteil in Tausendsteln vorzustellen. Denn das Promille ist uns bekannt und entspricht 1.000 ppm. Somit beträgt die gegenwärtige Kohlendioxidkonzentration fast 0,42 Promille. Handelte es sich um Alkohol im Blut, würden wir das bereits spüren. In absoluter Menge sind wir beim Kohlendioxid bei ziemlich genau Dreivierteln des deutschen Luftraums angelangt. Hier gibt es aber zwei Einwände zu beachten: Erstens nimmt das Absorptionsvermögen der Weltmeere und der Vegetation ab, weil wärmeres Wasser weniger Karbonate aufnehmen kann und weil die Vegetation unter Stress insbesondere in Trockenperioden nicht mehr so stark wächst wie bisher (▸ *Die Rückkopplungen Ozeanversauerung und Biodiversitätsverlust*). Viel eher müssen wir in der Gegenwart und in Zukunft bei einer weiteren Erwärmung der Atmosphäre mit einem zusätzlichen Ausstoß an Klimagasen rechnen, weil beispielsweise auftauende Permafrostböden Methan abgeben, das durch die Zersetzung fossiler Tier- und Pflanzenreste entsteht. Methan entsteht aber nur, wenn kein Sauerstoff vorhanden ist, auf einmal freigesetzt wird oder weil sich ganze Kohlenstoffsenken wie Urwälder und Moore durch Selbstentzündung in CO_2 verwandeln. So triggert der menschengemachte Ausstoß von Klimagasen in Zukunft denjenigen der Biosphäre. Zweitens stellen Sie sich vor, wir müssten mindestens den Schweizer Luftraum in den Boden einlagern – und dies sicher und auf Jahrtausende, solange der Mensch ein relativ stabiles und berechenbares Klima wünscht. Und dies nur, weil ein Bruchteil der Menschheit seit den 1980er Jahren nochmals deutlich über die Stränge geschlagen hat. Wir kommen später darauf zurück (▸ *So viel Kohlendioxid ist zurückzubinden*).

Das Gigatonnen-Beispiel zeigt auf, mit welcher Notwendigkeit und mit welchen Mitteln unsere Vorstellungskraft zu aktivieren ist. Natürlich kann ich mit diesem Buch nicht sicherstellen, dass wir uns die Zahlen wirklich vergegenwärtigen – geschweige denn schmecken und riechen – können und dass dadurch die Botschaft auch ankommt. Doch so viel soll uns klargeworden sein: Zahlen sollten uns nicht der Realität entziehen, weil sie abstrakter sind als ein über uns hereinbrechendes Unwetter. Zahlen leiten sich aus einer Realität ab, auf die sie wieder zurückzubeziehen sind. Die Vorstellbarkeit des Klimagases CO_2 ist höchstens ein Problem der Bewusstwerdung unserer eigenen Realität. Wenn dieses Buch in seiner Beschränktheit einen kleinen Teil dazu beitragen kann, uns die gegenwärtige Realität näherzubringen und konkret Lösungen voranzutreiben, bin ich dankbar um jede Leserin, um jeden Leser, jede Mitdenkerin, jeden Mitdenker.

Die Globale Erwärmung liegt nicht in meiner Kernkompetenz als Kulturwissenschaftler. Mein Berufsalltag besteht hauptsächlich in der Analyse von Kunstwerken, Diskursen bis hin zu Alltagshandlungen. Doch zwei Faktoren spielen eine zentrale Rolle, die erklären, warum eine kulturwissenschaftliche Perspektive entscheidend sein könnte: Erstens untersucht meine Disziplin auf der Schnittstelle zwischen Geistes- und Sozialwissenschaften, wie nicht nur heute, sondern auch im Laufe der Geschichte Vorstellungen zu bestimmten Handlungen und umgekehrt: wie Handlungen zu bestimmten Vorstellungen führen und führten. Dazu gehört die wichtige Erkenntnis, wie sehr sich der Mensch aufgrund neuer Konzepte verändern und anpassen kann – im Negativen wie im Positiven. Exemplarisch dafür ist die Aufklärung im 17. und 18. Jahrhundert. Wie eine neue Überlebensstrategie und damit verbundene ökonomische Reorganisation aufgrund der Kleinen Eiszeit zwischen 1570 und 1700 eine völlig neue Sicht auf die Welt und den Menschen angestoßen hat, zeigt in eindrücklicher Weise der Historiker und Essayist Philip Blom.[12] Die Dimensionen dessen, was der Mensch mit der Industrialisierung angestoßen hat, sind um ein Vielfaches größer. Das müssen wir an dieser Stelle festhalten. Dennoch finden wir im historischen Kulturvergleich Anhaltspunkte, wozu wir fähig sind und durch welche Vorstellungen wir uns nicht ausbremsen lassen sollten.

Zweitens verstehe ich Kultur allumfassend. Alles, was der Mensch pflegt (kultiviert), ist in den Kulturwissenschaften in den Blick zu nehmen und nicht einfach bestimmte urbane Kulturausprägungen. Der rurale Raum und seine Auswirkungen auf die Globale Erwärmung sind ein ganz zentraler Faktor für die

12 Philip Blom: Die Welt aus den Angeln. Eine Geschichte der kleinen Eiszeit von 1570 bis 1700 sowie der Entstehung der modernen Welt, verbunden mit einigen Überlegungen zum Klima der Gegenwart. München 2017.

Zukunft. So sehe ich – nebst einer resoluten auf globale Gerechtigkeit zielenden Klimapolitik, welche konsequent auf die Dekarbonisierung setzt – einen wichtigen Hebel in der Landwirtschaft. Sie bildet die eigentliche Schnittstelle zwischen der Sozial- und Umweltfrage.[13] In der Landwirtschaftspolitik entscheidet sich, ob dieser Sektor, welcher die Grundlage für zivilisatorische Entwicklungen und Brüche der Menschheit geschaffen hat, wirklich zur Lebensversorgung mit hochwertiger Nahrung beiträgt und ob er CO_2 emittiert oder zurückbindet. So ist die Landwirtschaft ein zentrales Feld der globalen Kultur und eines jeweils lokalen Kulturwissens.

Der Zusammenhang zwischen Aufklärung und Landwirtschaft ergibt sich aus der eigenen Vorstellbarkeit: Es ist notwendig, unsere Lebensgrundlagen im Ansatz zu verstehen und zu erklären. Wir sollten uns vorstellen können, was der Mensch wirklich benötigt und wo ein System beginnt, welches nur noch aus Sachzwängen besteht und unsere Lebensgrundlage zerstört. Die Sachzwänge sind überwindbar (Aufklärung), und wir verfügen als globale Gesellschaft ebenso über das notwendige Agrarkulturwissen (Landwirtschaft). Natürlich lebt der Mensch nicht vom Brot allein. Doch wenn er kein Brot mehr hat, erübrigt sich auch der Rest. Darum ist es Aufgabe unserer Generation, uns nicht binnen Kurzem unserer eigenen Lebensgrundlage berauben zu lassen. Wir wollen doch in diesem Jahrhundert und in den folgenden noch leben können – und nicht nur vom Brot allein. Das vorliegende Buch richtet sich an alle, welche von der Globalen Erwärmung betroffen sind. Wenn die Klimafrage priorisiert wird, lassen sich die Parameter von Gesellschaft, Politik und Ökonomie anpassen. So ist auch der Gedanke weiterzuverfolgen, nicht mehr beim Konsumenten als vielmehr beim überschaubaren Kreis von Produzenten und Lieferanten fossiler Energieträger anzusetzen, in-

13 Olivier de Schutter: Trade in the Service of Sustainable Development: Linking Trade to Labour Rights and Environmental Standards. Oxford/Portland 2017.

dem die Besteuerung, welche alle Umwelt-, Gesundheits- sowie atmosphärischen CO_2-Abscheidungs- und -Lagerungskosten einpreist (internalisiert), bereits an der Quelle von Gas-, Erdöl- und Kohleförderung vorgenommen wird. Der Fluss fossiler Energieträger ist mit einem Brunnen mit vielen Hähnen vergleichbar. Stoppe oder reduziere ich am einen Hahn das Wasser, kommt an andern Hähnen umso mehr. Reduzieren wir den Konsum von Erdöl, Gas und Kohle an einem Ort, ist noch lange nicht garantiert, dass Andere unserem Beispiel folgen. Im Gegenteil: Die Reduktion des Konsums lässt den Preis sinken, um die Nachfrage wieder zu steigern. Bleiben wir beim Brunnenbeispiel: Reduzieren wir hingegen die Gesamtmenge des Wassers an der Quelle, kommt an allen Hähnen immer weniger, bis der Brunnen abgestellt ist. Mit diesem Vorschlag, den inzwischen eine Volksinitiative, die so genannte »Gletscher-Initiative«, auf nationaler Ebene verlangt, reduziert sich die Einzelverantwortung und der Ausstoß von CO_2 kann systematisch und kontrolliert auf Null gefahren werden.[14] Gleichzeitig muss aber – und das bleibt im politischen Diskurs noch weitgehend unterrepräsentiert – ein eigenständiger hochskalierter Land- und Forstwirtschaftssektor entwickelt werden, der vornehmlich für die CO_2-Rückbindung verantwortlich ist, ohne die Lebensmittelproduktion zu konkurrenzieren. Das ist möglich.

14 Marcel Hänggi: Null Öl. Null Gas. Null Kohle. Wie Klimapolitik funktioniert. Ein Vorschlag. Zürich 2018.

CO_2 als Hauptproblem innerhalb der planetaren Grenzen

Grundsätzlich fördert Kohlendioxid das Pflanzenwachstum, während der durch die Photosynthese entstehende Sauerstoff in den Pflanzenzellen Oxidationsstress auslöst. Darum erhöht man in Treibhäusern den Kohlendioxidanteil der Luft. Nach dem Wasserdampf ist CO_2 das zweitwichtigste klimaaktive Gas in der Atmosphäre, welche wie eine Folie über der Erdoberfläche liegt. Gäbe es diese schützende Atmosphäre nicht, hätte es durchschnittlich minus 18 °C statt plus 15 °C auf unserem Planeten. Der Temperaturunterschied zwischen Tag und Nacht, zwischen Sommer und Winter wäre um ein Vielfaches größer. Leben wäre auf dem weitgehend vereisten Planeten ohne Schutzhülle kaum möglich.[15] Es gibt also mindestens zwei Gründe, warum Kohlendioxid überlebenswichtig ist. Doch die exakte Menge spielt die zentrale Rolle.[16]

15 Die Bedingungen unseres Planeten ohne Schutzhülle würden in Richtung derjenigen unseres Nachbarplaneten Mars tendieren. Die durchschnittliche Sonneneinstrahlung auf dem Mars beträgt nicht einmal die Hälfte derjenigen auf der Erde, sodass die Durchschnittstemperatur auch deutlich niedriger bei minus 55 °C liegt. Die Temperaturamplitude zwischen Tag und Nacht ist bereits groß, der Unterschied zwischen absolutem Temperaturminimum von minus 133 °C und plus 27 °C liegt bei 160 °C, weil eine schützende Atmosphäre fehlt.

16 Den anderen Extremwert, den wir uns auch nicht wünschen, mit einer Durchschnittstemperatur von 464 °C, findet man auf unserem anderen Nachbarplaneten, auf der Venus. Zwar ist die durchschnittliche Sonneneinstrahlung im Vergleich zur Erde doppelt so hoch, erklärt aber nicht den hohen absoluten Wert mit einer relativ kleinen Schwankung zwischen Minimal- und Maximaltemperatur im Umfang von 60 °C. Dafür verantwortlich ist in erster Linie der extrem hohe Kohlendioxidgehalt von 96,5 %.

65%
Kohlendioxid
20%
Methan
Beitrag zum
Treibhauseffekt
10%
FCKW
5%
Lachgas

Die Atmosphäre bildet einen Schutzschild für die Erdoberfläche dank klimaaktiver Gase. Die Sonne erwärmt die Erde mit ihrer Hochfrequenz-Strahlung vor allem im sichtbaren und im UV-Bereich, wenn nicht weiße Oberflächen diese Strahlung direkt wieder in den Weltraum zurückwerfen. Man spricht von der Albedo, der Reflexionsstrahlung, eines Planeten. Im Falle der Erde entsteht sie durch Eis, Schnee, hellen Wüstensand oder durch Wolken von einer bestimmten Dichte auf einer bestimmten Höhe. Gelangen aber die Sonnenstrahlen auf die Erdoberfläche oder stoßen sie auf einen anderen Widerstand auf dem Weg durch die Atmosphäre, werden sie absorbiert. Aus Licht mit hoher wird solches mit niedriger Frequenz im Infrarot-Spektrum. Die Abstrahlung liegt somit in einem völlig anderen Bereich. Die Wellen sind rund 20 Mal langsamer. In der Musik entspräche dieser Frequenzunterschied vom hochfrequentem Sonnenlicht zum Infrarot einem Tonsprung über vier Oktaven nach unten. Die langsamen Wellen der Wärmeabstrahlung setzen die Molekülstruktur bestimmter Gase in der Luft, welchen zuvor das hochfrequente, sichtbare Licht und die UV-Strahlen der Sonne nichts anhaben konnten, in Schwingung. Sie nehmen so die Abstrahlungsenergie auf und halten sie in der Atmosphäre und letztendlich auf der Erde zurück. Voraussetzung dafür ist eine komplexere, losere mindestens dreiatomige Molekülstruktur. Die häufigsten Moleküle der Luft, Stickstoff (N_2) und Sauerstoff (O_2), geraten dabei kaum in Schwingung. Auf der anderen Seite der Skala stößt man auf sehr aktive, höchst schwingungsbereite Klimagase wie die Fluor(chlor)-Kohlenwasserstoffe, das Lachgas (Distickstoffmonoxid, N_2O) und Methan (CH_4). Erst dann folgt in seiner Wirksamkeit das Kohlendioxid und schließlich das mengenmäßig wichtigste Klimagas, der Wasserdampf, welcher mit der Lufttemperatur korreliert und wofür der Mensch nur indirekt verantwortlich gemacht werden kann.

Fluorkohlenwasserstoffe sind bis zu 15.000 Mal stärker klimawirksam als CO_2, Lachgas immerhin noch 300 Mal und Methan 25 Mal. Entscheidend sind die Menge und die Dauer, die es im Durchschnitt braucht, bis die Moleküle wieder abgebaut worden sind. Fluorchlorkohlenwasserstoffe sind dank dem Montreal-Protokoll weitgehend verboten.[17] Da Lachgas und Methan meist aus natürlichen chemischen Prozessen insbesondere in der Landwirtschaft entstehen, kann man diese Gase nicht so einfach aus dem Verkehr ziehen. Umso genauer müssen sie überwacht werden. Das Lachgas trägt 5 bis 6 % zum menschengemachten Treibhauseffekt bei und hält durchschnittlich über 100 Jahre. Methan zerfällt in einem Zeitraum von neun bis 15 Jahren. Da aber deutlich mehr Methan als Lachgas in der Atmosphäre vorkommt, trägt Methan zu ungefähr einem Fünftel zum Treibhauseffekt bei. Den Ausstoß von Lachgas muss man zwar weiterhin unter Kontrolle behalten; er lässt sich aber durch gezielte Maßnahmen sukzessive reduzieren. Hingegen hat sich die Zunahme des atmosphärischen Methangehalts in den Jahren 2006 bis 2016 von jährlichen 0,5 ppb (parts per billion) auf jährliche 5 ppb verzehnfacht im Vergleich zur Periode 2000 bis 2006. Es gibt sehr unterschiedliche Hypothesen zur Herkunft dieses massiven Methaneintrags in die Atmosphäre. Sicher wissen wir lediglich, dass er menschengemacht ist und vor allem in tropischen Gebieten entsteht.[18]

Die Klimawirksamkeit von **Fluorkohlenwasserstoffen** ist bis zu 15.000 Mal höher als die von CO_2. Auch **Lachgas** (300 Mal) und **Methan** (25 Mal) sind vielfach wirksamer als CO_2. Hinzu kommt, dass diese Treibhaugase selbst wiederum durch Klimaänderungen beeinflusst werden. Um jeweils die gesamte Klimawirksamkeit aller Treibhausgase beziffern zu können, verwendet

17 Der Kohlenwasserstoff-Ausstieg beginnt mit dem Montrealer Protokoll von 1987, das zunächst den Verzicht auf Fluorchlorkohlenwasserstoffe beinhaltet, bis schließlich 2016 in Kigali auch die teilfluorierten Kohlenwasserstoffe als neueste Stoffgruppe in das Montreal-Protokoll aufgenommen werden.

18 Marielle Saunois et al.: The growing role of methane in anthropogenic climate change. In: Environmental Research Letters 11 (2016), https://iopscience.iop.org/article/10.1088/1748-9326/11/12/120207/meta (Januar 2023).

man die Einheit der Kohlendioxidäquivalente (CO_2e). So entspricht beispielsweise die Klimawirksamkeit einer Tonne Lachgas 300 t CO_2e.

Die besorgniserregende Methanzunahme kann auf die Viehzucht und auf die Erdgasförderung sowie das Fracking zurückgeführt werden. Dank der vergleichsweise kurzen Haltbarkeit von Methan kann man das Problem auch eher in den Griff bekommen, falls man die Ursachen genauer kennt und falls es sich nicht bereits um einen unaufhaltbaren Rückkopplungseffekt der Klimaerwärmung handelt, was nicht auszuschließen ist. Längerfristig wirkt das Kohlendioxid. Insgesamt trägt es ungefähr zu einem Viertel zum natürlichen Treibhauseffekt bei. Entscheidend ist aber die zusätzliche vom Menschen verursachte Emission, welche zu 60 % zur Erhöhung der Temperaturen beiträgt. Zu fast zwei Dritteln ist somit das Kohlendioxid für die durch den Menschen verursachte Klimaerwärmung verantwortlich.

KOHLENSTOFFHAUSHALT DER ERDE

Das Gestein unserer Erde enthält ungefähr 65.500 Gigatonnen Kohlenstoff. Etwas mehr als ein Promille ist in der Atmosphäre, rund 800 Gigatonnen; das entspricht rund 3.000 Gigatonnen Kohlendioxid.[19] Jährlich wird wiederum fast ein Fünftel davon (550 Gigatonnen) natürlich umgesetzt. Dieser Anteil durchläuft den Kreislauf von Photosynthese und Abbau von Pflanzenmaterialien. 32 Gigatonnen pro Jahr werden zusätzlich vom Menschen in die Atmosphäre eingetragen. Die Anreicherung der Atmosphäre mit zusätzlichem CO_2 pro Jahr bewegt sich gegenwärtig im Bereich von rund 1 %. Im Vergleich zum Kohlenstoffgehalt der Erde insgesamt

19 Der Umrechnungsfaktor von Kohlenstoff zu Kohlendioxid beträgt wegen der beiden zusätzlichen Sauerstoffatome 3,75.

handelt es sich beim jährlichen CO_2-Zuwachs um einen Hundertstel eines Promilles. Daraus wird gerne folgender Fehlschluss der Klimaleugner gezogen: Betrachte man das Absorptionsvermögen der Natur angesichts des jährlichen natürlichen Kohlendioxid-Zyklus, so sei die Erde doch irgendwie in der Lage, diese 32 Gigatonnen wiederaufzunehmen und irgendwo zu verstauen. Doch die Sache hat leider einen Haken.

Hauptverantwortliche für die Absorption von CO_2 sind Land- und Meerespflanzen. Ihre Absorptionsrate des zusätzlich ausgestoßenen Kohlendioxids ist heute zwar doppelt so hoch wie noch 1960. Doch im selben Zeitraum hat sich die Emissionsrate vervierfacht. Zwar erfolgt diese Absorption relativ rasch. Das bedeutet jedoch nicht, dass das Kohlendioxid definitiv zurückgebunden ist. Erstens wird es in pflanzliche Materialien wie Zellulose oder Zucker umgewandelt, welche wiederum von Organismen zersetzt oder verbrannt werden. Damit gelangt der Kohlenstoff wieder in die Atmosphäre. Zweitens treten die Erweiterung von Landwirtschaftsflächen und damit der zusätzliche Eintrag der Klimagase Kohlendioxid, Methan und Lachgas zum Rückbindungseffekt in Konkurrenz. Denn die Effekte von Land- und Forstwirtschaft sowie Landumnutzung (AFOLU = Agriculture, Forestry and Other Land Use) sind für die Klimaerwärmung nicht zu unterschätzen. So bilden vor allem der Ackerbau und die Urbarmachung von Acker- und Weideflächen einen regelrechten Klimatreiber, weil im Unterschied zur Nutzung von fossilen Energieträgern, wo hauptsächlich Kohlendioxid freigesetzt wird, zusätzlich die beiden um ein Vielfaches aktiveren Klimagase Methan und Lachgas entstehen können. So trägt AFOLU gegenwärtig zu ungefähr einem Viertel zur Klimaerwärmung bei.[20] Verglichen mit heutigen Beobachtungen setzt das IPCC in seinen Prognosen insbesondere die Urbarmachung und die damit einhergehende Abholzung in den tropischen Zonen zu tief an. Es ist davon auszugehen, dass bei

20 IPCC: Climate Change 2014: Synthesis Report, S. 46.

einer Fortsetzung der gegenwärtigen globalen Landwirtschaftspolitik und -ökonomik (»*business as usual*«) das Pariser Klimaziel nicht erreicht werden kann – selbst wenn man bereits 2015 alle anderen Emissionsquellen von Klimagasen sofort auf Null reduziert hätte.[21]

Über Klimaerwärmung nachzudenken und sich auf die Energiefrage zu beschränken, ohne die Landwirtschaft einzubeziehen, genügt nicht. Ebenso trifft man in der Landwirtschaft auf einen wichtigen Hebel: Pflanzen bilden den Hauptfaktor für die Einbindung in die Atmosphäre ausgestoßener Kohlenstoffe fossilen Ursprungs in den »natürlichen Kreislauf«. Anstatt den gebundenen Kohlenstoff wieder in die Atmosphäre einzutragen, verfügt die Landwirtschaft eigentlich über das Know-how, wie Kohlenstoff in Form von Pflanzenmaterialien, und somit von längeren Kohlenstoffketten, direkt in den Boden eingelagert werden kann. Bei einer sinnvollen Verlagerung der Subventionspolitik kann die Landwirtschaft gezielt in die Verantwortung für Negativemissionen genommen werden. Dennoch ist ihr Rückbindungsvermögen in der heutigen Form noch relativ beschränkt. Ebenso bedingt bereits ein solcher Paradigmenwechsel eine – wünschenswerte – Agrarrevolution. Sie hätte aber den positiven Nebeneffekt, dass neben der Kohlenstoffrückbindung der Boden insgesamt klimaresistenter und fruchtbarer gemacht würde. Hier ist Anpassung durchaus sinnvoll, weil sie gleichzeitig direkt zur Verminderung der Kohlendioxidkonzentration beiträgt. Der Einsatz von Pestiziden und Kunstdünger ließe sich massiv reduzieren, die Lebensmittel würden hochwertiger (▸ *Die unscheinbare Agrarrevolution*).

21 Natalie M. Mahowald et al.: Are the impacts of land use on warming underestimated in climate policy? In: Environmental Research Letters 12:9 (2017), https://iopscience.iop.org/article/10.1088/1748-9326/aa836d (Januar 2023).

DIE RÜCKKOPPLUNGEN OZEANVERSAUERUNG UND BIODIVERSITÄTSVERLUST

Kommen wir nochmals zurück zum oben genannten Fehlschluss, der atmosphärische Anteil von Kohlenstoff sei doch im Vergleich zum gesamten Volumen, das im Gestein eingebunden sei, verschwindend klein und die Erde habe das Vermögen, die Emissionen wieder auszugleichen. Das stimmt im Allgemeinen. Allerdings sind in diesem Zusammenhang zwei Aspekte zu beachten: Rückkopplungen und die Zeit. Neben den Pflanzen, die etwa ein Viertel des anthropogenen Kohlendioxidausstoßes zurückbinden, fixiert auch Wasser CO_2. Wie eingangs skizziert, wurden seit Beginn des industriellen Zeitalters um 1870 bereits 2.000 Gigatonnen CO_2 aus fossilen Energieträgern freigesetzt. Ungefähr ein Viertel konnte von der Biomasse, ein weiteres Viertel von den Ozeanen absorbiert werden. Ein Viertel entspricht 500 Gigatonnen. Gerade hier wird nochmals erkennbar, wie fatal Rückkopplungseffekte wirken können: Durch den bisherigen Eintrag in die Weltmeere fiel nämlich der pH-Wert bereits um 0,1 von 8,2 auf 8,1. Man muss davon ausgehen, dass bis zum Ende des 21. Jahrhunderts dieser Wert nochmals um 0,2 bis 0,4 sinkt. Viele Meerestiere, insbesondere alle diejenigen, deren Schutzschale oder deren Skelett aus Kalk bestehen und die häufig wichtige Glieder der Nahrungskette darstellen, sind auf einen relativ hohen, also basischen pH-Wert angewiesen. Das heutige Ausbleichen und Absterben der Korallenriffe führt uns vor Augen, dass bereits ein Sinken des pH-Werts um 0,1 dramatisch sein kann.[22] Ganz zu schweigen von den prognostizierten Werten. Denn bereits jetzt wird auf diese Weise die Lebensgrundlage der am dichtesten bewohnten und wichtigsten Meereshabitate zerstört. Zudem nimmt die Absorptionsfähigkeit der Meere zusehends ab, nicht nur, weil

22 Vgl. IPCC: Observations: Ocean. In: Climate Change 2013: The Physical Science Basis. Contribution of Working Group I to the Fifth Assessment Report of the Intergovernmental Panel on Climate Change. Cambridge 2014, S. 291ff.

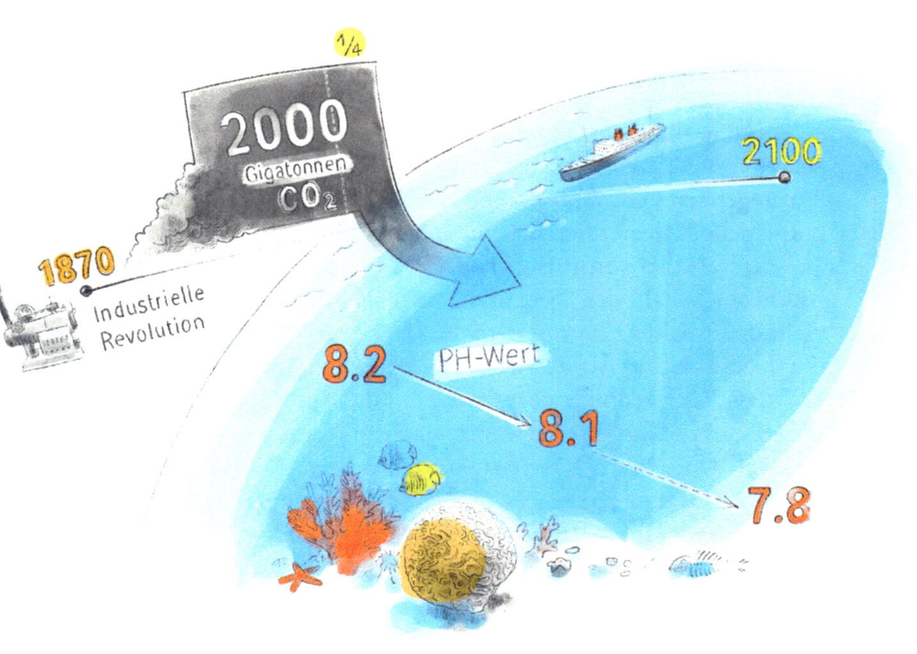
1/4
2000
Gigatonnen
CO_2
1870
Industrielle
Revolution
2100
PH-Wert
8.2
8.1
7.8

das Wasser saurer, sondern auch weil es wärmer wird: So verringert sich bei einem Temperaturanstieg des Wassers um 2 °C die Absorption von CO_2 um 10 %.

Besorgniserregend ist, dass die Versauerung der Meere 100 Mal schneller erfolgt als zu irgendeinem anderen Zeitpunkt während der letzten 20 Millionen Jahre. Organismen haben keine Zeit, sich evolutionär an die neuen Gegebenheiten anzupassen. Die Forschungsgruppe um das Stockholm Resilience Center kann auch bei der Versauerung der Meere ähnlich wie bei der Klimaerwärmung eine Grenze setzen. Sie fragt sich nämlich, wie weit der Wert des Kalk-Sättigungsgrads fallen darf, ohne Korallen und ihre angegliederten Ökosysteme zu schädigen. Während das vorindustrielle Niveau noch bei einem Sättigungsgrad von 3,44 lag,[23] ist er durch die Absorption von CO_2 inzwischen auf rund 2,9 gesunken. Sobald der Wert unter 3,0 fällt, können sich Korallen nicht mehr halten. Darum wird der Grenzwert bei ungefähr 20 % unter dem vorindustriellen Niveau angesetzt, also bei rund 3,1. Wie beim CO_2 schon jetzt in Bezug auf die Klimaerwärmung die sichere Zone verlassen worden ist, sind die Weltmeere inzwischen zu sauer. Und dies mit weitreichenden Folgen: Da Korallenriffe wichtige Habitate für eine Unzahl von Meeresorganismen, u. a. auch für das Plankton, darstellen,[24] wird die gesamte Nahrungskette bis hinauf zu den Fischen und den Meeressäugern massiv gestört oder sogar gänzlich unterbrochen.

23 Gemessen wird die Aragonit-Sättigung: $\Omega_{arag} = 3{,}44$. Siehe Johan Rockström et al.: Planetary Boundaries: Exploring the Safe Operating Space for Humanity. In: Ecology and Society 14:2 (2009), https://www.ecologyandsociety.org/vol14/iss2 (Januar 2023).

24 Ulf Riebesell et al.: Reduced calcification of marine plankton in response to increased atmospheric CO_2. In: Nature 407 (2000), S. 364–367; vgl. vor allem auch den neuesten IPCC-Zwischenbericht 2019.

An der Absorption von CO_2 lässt sich zeigen, wie *unmittelbar* das Überschreiten einer **planetaren Grenze** sich auf eine andere auswirkt: Je mehr CO_2 durch die Meere absorbiert wird, desto saurer werden sie, was zunächst für Korallen fatal ist und schließlich unumkehrbare Folgen für die gesamte Nahrungskette zeitigt.

Auch wenn man die Versauerung der Meere als eigenständige planetare Grenze ausweisen kann, ist sie wie kaum eine andere *direkt* von der CO_2-Absorption abhängig. Kohlendioxid hat also nicht nur Auswirkungen auf die Klimaerwärmung, sondern – unabhängig davon – direkt auf eine weitere planetare Grenze, welche die Menschheit bereits überschritten hat. Weitere planetare Grenzen sind nicht so direkt vom CO_2-Ausstoß abhängig. Doch stehen sie mit dem Verbrennen von fossilen Energieträgern in einem mehr oder weniger direkten Zusammenhang. Die Klimaerwärmung hat bereits heute Einfluss auf andere planetare Grenzen wie beispielsweise auf den Verlust von Biodiversität oder auf den Süßwasserhaushalt. Gleichzeitig heizt das Überschreiten anderer planetarer Grenzen dem Klima wiederum direkt oder indirekt ein. Exemplarisch für den direkten Einfluss auf die Klimaerwärmung sind Abholzung, Versiegelung von Siedlungsflächen und die Ausdehnung von Ackerflächen. Sobald eine planetare Grenze überschritten wird, reduziert sich die Stabilität anderer, vorher noch sicherer, Bereiche.

Was wir bereits in Bezug auf die Versauerung der Ozeane gesehen haben, gilt für den Verlust von Biodiversität in ähnlicher Weise. Jeder unwiederbringliche Verlust einer Art, welcher auf das Konto des Menschen geht, ist ethisch unhaltbar. Und das gilt bereits für die ganze Menschheitsgeschichte. Dennoch spielt auch hier die Menge der ausgestorbenen Arten eine Rolle. Solange sich das Verschwinden und die Neuentstehung von Arten die Waage halten, kann man diese mit natürlichen Selektionsprozessen in Verbindung setzen. Inzwischen sterben aber 100 bis 1.000 Mal mehr

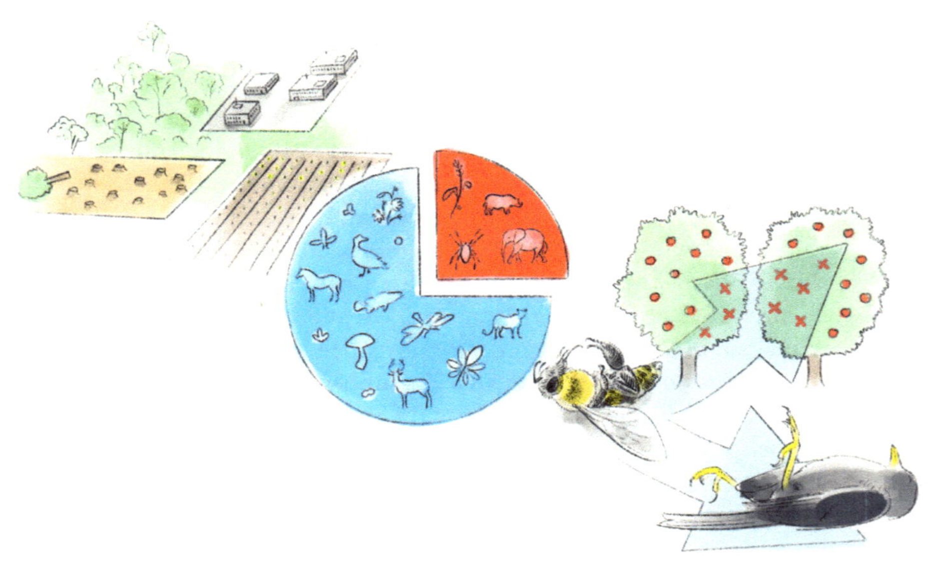

Arten pro Jahr aus als je zuvor in der Erdgeschichte.[25] Es ist damit zu rechnen, dass sich der Artenverlust im 21. Jahrhundert verzehnfacht. Bereits heute sind ein Viertel aller taxonomisch erfassten Arten vom Aussterben bedroht: 12 % aller Vögel und bis zu 52 % aller Zykaden. Damit ist die planetare Grenze beim Artenverlust bereits um ein Vielfaches überschritten. In den letzten Jahren war der Biodiversitätsverlust massiv, und damit wurde die Resilienz von ganzen Ökosystemen nachhaltig reduziert. Der Verlust geht an erster Stelle auf das Konto von Änderungen der Land- und Wassernutzung, zweitens von Übernutzung der Bestände und drittens von Globaler Erwärmung – wie der jüngste UN-Bericht 2019 zum Biodiversitätsverlust festhält.[26] Diese Rangordnung kann sich sehr bald ändern. Denn der Unterschied zwischen dem 1,5- und 2-Grad-Ziel schlägt sich deutlich im Artenverlust nieder, wie der IPCC-Zwischenbericht 2018 festhält. So werden mit großer Wahrscheinlichkeit 8 statt 4 % aller Wirbeltierarten oder 18 statt 6 % aller Insektenarten aussterben.

PRÄZEDENZLOSER TEMPERATURSPRUNG UND VERNICHTUNG DER BIOSPHÄRE

Die meisten Organismen, die heute leben, haben sich an die klimatischen Bedingungen des Pleistozäns angepasst. In dieser Erdepoche mussten die Lebewesen immer wieder damit rechnen, dass es kälter werden konnte. Im stabilen, relativ warmen Klima des Holozäns hingegen wurden Pflanzen- und Tierwelt

25 Georgina M. Mace et al.: Biodiversity. In: Rashid M. Hassan et al. (Hg.): Ecosystems and human wellbeing: current state and trends. Washington 2005, S. 79–115. Siehe vor allem auch den jüngsten Bericht des IPBES (2019): Global assessment report on biodiversity and ecosystem services of the Intergovernmental Science-Policy Platform on Biodiversity and Ecosystem Services unter https://www.ipbes.net/global-assessment-biodiversity-ecosystem-services (Januar 2023).

26 https://www.un.org/sustainabledevelopment/blog/2019/05/nature-decline-unprecedented-report (Januar 2023).

»verwöhnt«. Der Mensch wiederum konnte sich die Biosphäre erstmals nach seinen Bedürfnissen zurichten. Die neuen Formen von Viehzucht und Ackerbau waren aber noch viel mehr auf stabile Jahreszyklen angewiesen. Organismen richten sich grundsätzlich lieber am oberen Ende ihrer Temperaturverträglichkeit ein und können sich noch an kühlere Temperaturen anpassen – solange sie der Frost nicht gefährdet. Selbst wir sehnen uns nach der Wärme des Südens. Gegen Kälte schützen wir uns. Doch bei einer weiteren Erwärmung stoßen die meisten Organismen unseres Planeten an die Grenzen, weil die biochemischen Prozesse, auf denen Leben basiert, plötzlich überfordert sind.[27] Sie können sich höchstens bei einer sehr langsamen Erwärmung über Jahrtausende ein wenig anpassen, aber nicht beim rasanten Temperatursprung, der im Moment im Gang ist.[28]

So kann man bei endemischen Arten in klar umgrenzten und überschaubaren Habitaten wie z. B. in Karstdolinen beobachten, wie Pflanzen in höher gelegene Gebiete ausweichen, um den zu hohen Temperaturen weiter unten zu entkommen. Da der Siedlungsraum gegen oben immer weiter abnimmt und enger wird, erhöhen sich der Konkurrenzdruck und die Aussterberate. Mit der Vielfalt verschwindet auch die Biomasse. Dafür symptomatisch ist das – auch von Pestiziden und Milben mitverursachte – Insektensterben in Mitteleuropa.[29] Mit ihm Hand in Hand geht

27 Brett R. Scheffers et al.: The broad footprint of climate change from genes to biomes to people. In: Science 11 (2016), http://science.sciencemag.org/content/354/6313/aaf7671 (Januar 2023); David P. G. Bond, Stephen E. Grasby: On the causes of mass extinctions. In: Palaeogeography, Palaeoclimatology, Palaeoecology 478 (2017), S. 3–29.

28 Studien zeigen, dass sich Organismen gegenwärtig mehrere tausend Mal schneller anpassen müssten, als sie dies natürlicherweise schaffen könnten. Vgl. Ignacio Quintero, John J. Wiens: Rates of projected climate change dramatically exceed past rates of climatic niche evolution among vertebrate species. In: Ecology Letters 16 (2013), S. 1095–1103.

29 Caspar A. Hallmann et al.: More than 75 percent decline over 27 years in total flying insect biomass in protected areas. PLOS ONE 12 (10) (2017), e0185809, doi.org/10.1371/journal.pone.0185809.

die Reduktion der Befruchtungsrate von Früchten, aber auch der Anzahl von Vögeln. Die stabile Ökologie, in welcher sich die Lebewesen aufeinander spezialisiert haben und dadurch hochgradig voneinander abhängig sind, wird ausgehebelt.

Mit dem Artenverlust nimmt die Stabilität ab. Ökosysteme können sich nicht mehr langsam an neue Gegebenheiten anpassen, sondern kippen unweigerlich. Beispielsweise versteppt der Urwald und Wüsten breiten sich aus – womit sich durch den unweigerlich damit zusammenhängenden Abbau von Biomasse der Methan- und CO_2-Eintrag in die Atmosphäre zusätzlich zum direkten anthropogenen Ausstoß von Klimagasen erhöht.[30] Das Klima wird überproportional angeheizt. Entfallen strukturell wichtige Arten wie Korallen oder Seetang am Anfang einer Nahrungskette, entziehen wir uns alternativlos Teile der eigenen Lebensgrundlage. Auf ähnliche Weise interagiert der Gebrauch von Süßwasser mit der Klimaerwärmung. Regelmäßige Niederschläge in den Tropen oder in den gemäßigten Breiten sind entscheidend für die Rückbindung von Kohlenstoff, für das Wachstum von Biomasse, die Nahrungsproduktion und wiederum die Biodiversität. Entnimmt man beispielsweise den natürlichen Gewässern zu viel Wasser, wird der Savannen- und Wüstenbildung Vorschub geleistet. Eigentliches Fanal einer solchen Entwicklung sind der Aral- oder der Tschadsee, die heute schon beinahe ausgetrocknet sind, womit das Leben nicht nur der Menschen, sondern einer vormalig reichen Fauna und Flora ausgelöscht wird.

Das rapide Einsetzen einer für uns unvorstellbaren Heißzeit verunmöglicht jegliche Vorhersehbarkeit. Dabei geht es nicht nur um das Überleben des Menschen, sondern um das Überleben aller Organismen, aller Pflanzen und Tiere. Angesichts der Auswirkungen der Klimaerwärmung auf andere planetare Grenzen, aber auch angesichts der Rückkopplungen, welche die Klimaer-

30 In Bezug auf den Amazonas s. Jonathan A. Foley et al.: Amazonian revealed: forest degradation and loss of ecosystem goods and services in the Amazon Basin. In: Frontiers in Ecology and Environment 5:1 (2007), 25–32.

wärmung wiederum direkt verstärkt und triggert, ist es zu riskant, die geologischen Erkenntnisse früherer Klimata zu ignorieren und lediglich auf die Begrenzung einer weiteren Klimaerwärmung zu setzen – wie sie das Pariser Abkommen noch vorgibt. Über längere Zeit darf sich – geologisch besehen – die Steigerung der CO_2-Konzentration im maximalen Bereich von 0,03 ppm pro Jahr, also im zweistelligen Milliardstelbereich (und nicht bis zu 3,5 ppm, also nicht im Millionstelbereich, wie gegenwärtig) bewegen.[31]

GEOLOGISCHE ZEITDIMENSION

Verfolgt man die Temperaturentwicklung über die ganze Erdgeschichte, welche vor ungefähr vier Milliarden Jahren beginnt, so trifft man auf klimatische Bedingungen, die man mit den heutigen kaum vergleichen kann. Noch vor 550 Millionen Jahren war der Kohlendioxidgehalt 15 Mal höher als heute. Für Landlebewesen war unser Planet praktisch unbewohnbar. Erst vor ungefähr 400 Millionen Jahren entstanden aus Wasserpflanzen erste Landpflanzen. Die klimatischen Bedingungen waren somit über die 3,6 Milliarden Jahre hinweg unzureichend. Auf die ganze Lebensdauer unseres Planeten bezogen, treffen wir also erst im letzten Zehntel auf Lebensformen, wie sie uns in irgendeiner Weise bekannt sind. Bis vor drei Millionen Jahren kühlte die Atmosphäre zusehends ab. Eine mit der heutigen Zeit vergleichbare Phase trat vor 55,8 Millionen Jahren ein. Die langandauernde Abkühlung durch die Reduktion von Kohlendioxid in der Atmosphäre wurde durch eine plötzliche Erwärmung um 5 bis 6 °C unterbrochen. Obwohl die Temperaturerhöhung hundert Mal langsamer erfolgte, kam es letztlich zu einer Verdopplung des Kohlendioxidgehalts. Man spricht vom sogenannten Paläozän-Eozän-Temperaturmaximum,

31 Der IPCC-Special Report vom Oktober 2018 hält fest (S. 8): »The rise in global CO_2 concentration since 2000 is about 20 ppm/decade, which is up to 10 times faster than any sustained rise in CO_2 during the past 800.000 years«, http://report.ipcc.ch/sr15/pdf/sr15_chapter1.pdf (Januar 2023).

in welchem die Gewässer übersäuerten und ein großer Teil der Biodiversität verloren ging. Auslöser der Temperaturerhöhung war wahrscheinlich das Abschmelzen von Methaneis durch den Kontakt mit Magma.[32]

Doch viel früher, vor mehr als 300 Millionen Jahren – man spricht vom Karbonzeitalter – lagerte sich über Jahrmillionen pflanzliches Material auf Meeresböden und Sumpfgebieten unter Luftausschluss ab, wurde durch geologische Umformungen in das Gestein eingelagert und unter hohem Druck verdichtet. Daher ist kaum ein Stoff, der in der Erdkruste eingelagert ist, in seiner chemischen Zusammensetzung so komplex wie Erdöl. Das noch relativ leicht zugängliche und daher förderbare Vorkommen an Erdgas, Erdöl und vor allem Steinkohle übertrifft die bereits geförderte Menge um den Faktor zwei bis 20.[33] Würden wir also alle Vorkommen verbrennen, würden wir einen Kohlendioxidgehalt unserer Luft erreichen, der den heutigen um ein Mehrfaches übersteigt. Unser Planet wäre für kaum eine Lebensform mehr bewohnbar. Wir würden unseren Planeten in einen Zustand zurückkatapultieren, wie er geherrscht hat, bevor sich auch uns bekannte Lebensformen entwickeln konnten. Mehr noch als die Mengendimension entzieht sich die Zeitdimension unserer Vorstellungskraft: Geht man großzügig von einer Zivilisationsgeschichte der Menschheit von 10.000 Jahren aus, die mit der sehr kurzen und klimatisch stabilen Epoche des Holozäns korreliert, dann wurde die Hauptmasse der fossilen Energie, auf die wir heute zugreifen, im Laufe einer Zeit von umgerechnet mehr als 5.000 integralen Zivilisationsgeschichten zu je 10.000 Jahren und vor einer Zeit gespeichert, die theoretisch mehr als 30.000 Zivilisationen zurück-

32 S. zum Paläozän-Eozän-Temperaturmaximum Alexander Gehler et al.: Temperature and atmospheric CO_2 concentration estimates through the PETM using triple oxygen isotope analysis of mammalian bioapatite. In: PNAS. 113:28 (2016), S. 7739–7744.

33 S. Tabelle. Warmzeit. Klima, Mensch und Erde. Edition Le Monde diplomatique N. 20 (2017), S. 24.

liegt. Verkürzt man die Zivilisationsgeschichte ungefähr um den Faktor 40 auf die Zeit der Verbrennung von fossilen Energieträgern seit der industriellen Revolution und schließlich um den Faktor 300 auf die große Extrapolation seit gut 35 Jahren, potenziert sich diese Dimension nochmals drastisch.

Vergegenwärtigen wir uns lediglich die durchschnittlich 33 Gigatonnen CO_2, welche jährlich seit 1990 in die Atmosphäre eingetragen werden, so entspricht das auf die knapp 30 Jahre in etwa 1.000 Gigatonnen Kohlendioxid insgesamt, wofür nicht ganz 300 Gigatonnen fossile Energieträger verbrannt werden mussten.[34] Gehen wir ferner davon aus, dass diese 300 Gigatonnen nur etwa einem Zwanzigstel aller zur Verfügung stehenden fossilen Energieträger entsprechen, welche in 50 Millionen Jahren angespeichert worden sind. Hier verkürze ich grob; doch die Größenrelationen halte ich zugunsten des menschlichen Energiebedarfs tief. Nehmen wir also an, die Energie hätte sich über ein Zwanzigstel dieser 50 Millionen Jahre, also über 2,5 Millionen Jahre, angesammelt und stellen diese Zeitspanne ins Verhältnis zu den letzten 30 Jahren, so erreichen wir einen Faktor von 85.000. Um einen Tag der letzten 30 Jahre mit fossilen Energieträgern zu alimentieren, muss man auf über 85.000 Tage bzw. 230 Jahre angespeicherte Energie zurückgreifen. Für einen einzigen Tag.

Nimmt man zudem in die Rechnung auf, in welchen zeitlichen Dimensionen in Zukunft die heutige über rund 30 Jahre erzeugte Klimaerwärmung Klima und Fauna beeinflussen wird, wird uns die maßlose Entgrenzung des jetzigen Energiehungers bewusst. Das gegenwärtige Problem ist menschengemacht und harrt einer Lösung durch uns. Wir sind ihm nicht einfach ergeben. Auch bin ich skeptisch gegenüber einer rein technizistischen Lösung, welche letztlich sehr viel Energie braucht. Altes Wissen steht bereit. Wir müssen uns bewusst werden, wie wertvoll fossile Energie-

34 Fast die Hälfte des durch den Menschen ausgestoßenen CO_2 wird in dieser Zeitspanne wiederum von Biomasse und Wasser absorbiert (▶ *Kohlenstoffhaushalt unserer Erde*).

während
230
JAHREN
angespeicherte Energie
in
1
TAG
verbraucht

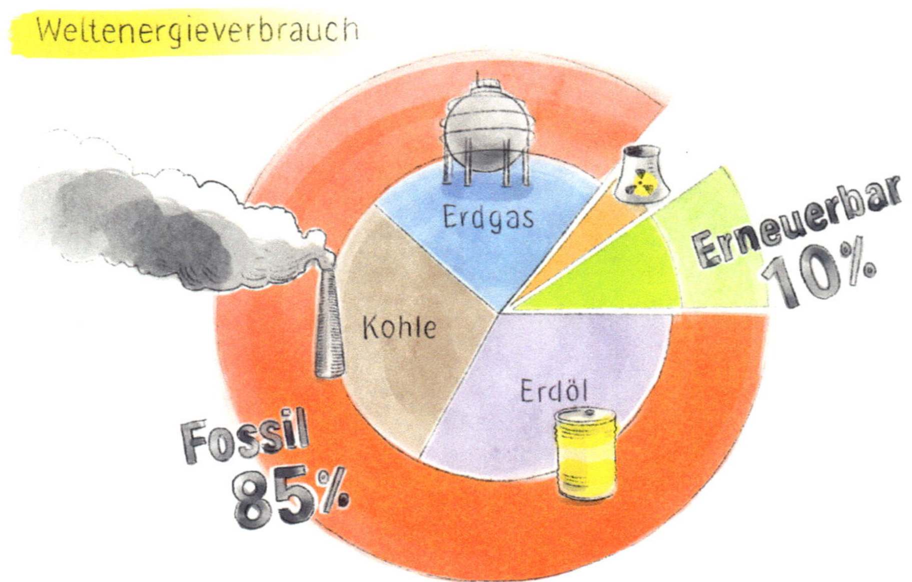
Weltenergieverbrauch
Erdgas
Kohle
Erdöl
Erneuerbar
10%
Fossil
85%

träger, vor allem Erdöl als Ausgangsrohstoff für Kunststoffe, sind und wie schnell sich die Menschheit dekarbonisieren muss und dies auch kann. Wir brauchen den Bruch jetzt.

DER HUNGER NACH FOSSILER ENERGIE

Der Energiehunger der gegenwärtigen Menschheit ist riesig. Der Energiehunger einer Minderheit der Menschheit ist immens. Pro Jahr werden fast 60.000 Terawattstunden (TWh) verbraucht. Diese Energiemenge entspricht einer Dauerleistung jahrein, jahraus von rund 6,8 Terawatt bzw. 6.800 Gigawatt. Geht man von einer durchschnittlichen Leistung eines Atomkraftwerkreaktors von einem Gigawatt aus, so bräuchte man weltweit dieselbe Anzahl, d. h. 6.800 Atomkraftwerkreaktoren, um den weltweiten Energiehunger zu stillen. Lediglich 7 % der Energiemenge stammt aus Wasserkraft, 1,5 % aus Windkraft, 0,5 % aus Solarstrom und ebenfalls 0,5 % aus Biobrennstoffen. Gut 10 % sind somit erneuerbare Energieträger. 4,5 % macht die Kernenergie aus. Die restlichen 85,5 % entfallen auf fossile Energieträger. Das sind 51.000 Terawattstunden Energie, welche rund 4.300 Megatonnen Erdöl, 3.800 Megatonnen Kohle sowie 3.100 Megatonnen Erdgas entsprechen. Damit wir uns das vorstellen können: Die 4.300 Megatonnen Erdöl pro Jahr entsprechen ungefähr 15 Milliarden Liter Erdöl Tagesverbrauch. Durchschnittlich verbraucht jeder Mensch jeden Tag zwei Liter Erdöl. Der globale Erdöltagesverbrauch beträgt 95 Millionen Barrel: »Das sind 556.000 Güterwaggons der Klasse UCS 908-Behälterwagen der Deutschen Bahn, das entspricht einem Güterzug von 4.450 Kilometer Länge, von Süditalien bis zum Nordkap.«[35]

Für ein Jahr braucht man also 365 solcher Güterzüge – und dies nur für den Erdöltransport. Dazu kommt nochmals fast so viel Kohle und Erdgas; pro Kopf der Erdbevölkerung nochmals

35 Warmzeit. Le Monde diplomatique (2017), S. 57.

Globaler Erdöltagesverbrauch

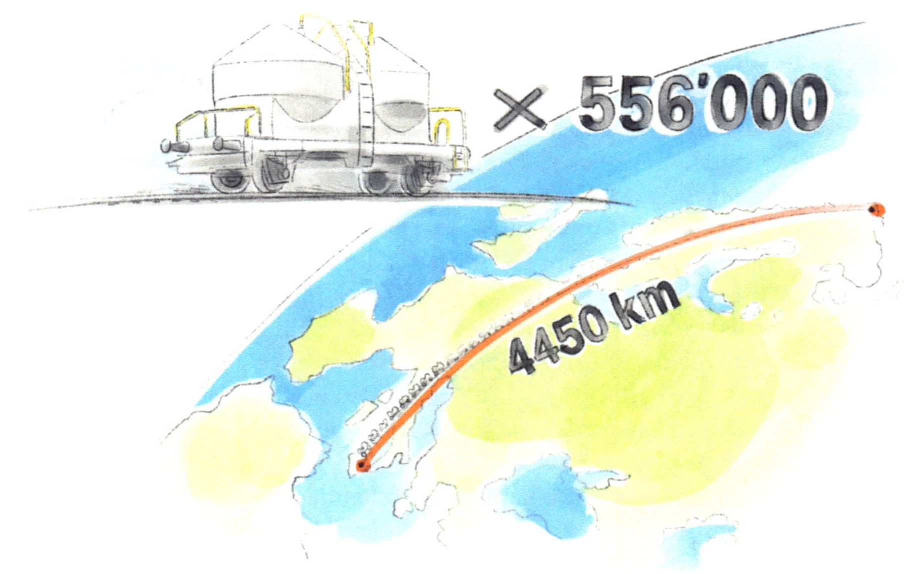

fast zwei Kilogramm Kohle und zwei Kilogramm Erdgas. Werden die fossilen Energieträger – Kohle, Erdgas und Erdöl – verbrannt, entsteht daraus pro Tag rund 24 kg CO_2. Mit anderen Worten: Der Durchschnittsmensch stößt pro Stunde ein Kilogramm CO_2 aus. Dabei ist nur die Verbrennung der fossilen Energieträger berücksichtigt. Der Ausstoß weiterer Klimagase beispielsweise aus der Fleischproduktion fehlt noch gänzlich. Wie wir sehen werden, ist es unsinnig, von Durchschnitt zu sprechen. Denn gerade der Verbrauch fossiler Energien ist wie die Einkommens- und Vermögensverhältnisse extrem unterschiedlich verteilt. Die große Mehrheit der Weltbevölkerung macht von fossilen Energieträgern kaum Gebrauch, während 20 % der Weltbevölkerung bereits über 80 % aller fossilen Energieträger benötigen (▸ *Slow Violence*). Sobald wir in ein Flugzeug steigen, erhöhen wir den durchschnittlichen CO_2-Ausstoß auf das 200-fache über dem Durchschnitt mit 600-facher Klimawirkung. Und je länger und weiter wir uns auf diese Weise fortbewegen, desto mehr steigt die Klimawirkung ins Unermessliche. Fliege ich beispielweise einen halben Tag, also zwölf Stunden, erreiche ich bereits die durchschnittliche Klimawirkung eines Menschen auf dieser Erde pro Jahr durch den fossilen Energieverbrauch. Damit können wir uns genauer vor Augen führen, wie schnell unsere Verantwortung überproportional groß wird und wie viele Menschen dafür weit unter dem Durchschnitt liegen müssen, damit wir uns eine solche Lebensweise überhaupt leisten können.

Klima»wandel« – der Wolf im Schafspelz

»Klimawandel« als gängiger Begriff scheint dem Phänomen nicht mehr beizukommen, an dessen Anfang wir uns befinden und das uns in völlig unbekannte meteorologische Szenarien manövriert. Hans Joachim Schellnhuber, Direktor des Potsdam-Instituts für Klimafolgenforschung (PIK), nennt sein Buch aus dem Jahre 2015 *Selbstverbrennung*. Darin zeichnet er die längst bekannte direkte Korrelation zwischen dem durch den Menschen verursachten Ausstoß von fossilem Kohlenstoff in die Atmosphäre und der rasanten Klimaerwärmung nochmals nach. Er vergleicht die heutigen wissenschaftlich bewiesenen Szenarien bei weiterer Verbrennung fossiler Energieträger mit den Warnungen von Militärexperten vor einem atomaren Schlagabtausch, bei dem Hiroshima wie ein kleiner Betriebsunfall erscheinen würde. Wir wären gut beraten, »wenn wir auf die letzte Gewissheit über die Folgen eines ungebremsten globalen Klimawandels verzichten würden.« Dementsprechend rät er, aus dem »fatalen planetarischen Experiment auszusteigen«.[36] Drei Jahre später doppelt Schellnhuber nach: Wir stehen mitten drin, wir »beamen uns gerade in eine Heißzeit«.[37] Die Hilflosigkeit der Warner kontrastiert in eklatanter Weise mit der immer noch kolportierten Meinung der Klimaleugner, der »Klimawandel« sei zwar nicht von der Hand zu weisen, aber wahrscheinlich nicht durch den Menschen verursacht.[38]

36 Hans-Joachim Schellnhuber: Selbstverbrennung. Die fatale Dreiecksbeziehung zwischen Klima, Mensch und Kohlenstoff. München 2015, S. 166.

37 »Wir beamen uns gerade in eine Heisszeit«. Tagesanzeiger, 2. Juni 2018, https://www.tagesanzeiger.ch/wissen/natur/wir-sind-in-eine-falle-getappt/story/25167022 (Januar 2023).

38 »98 Prozent der Teilnehmer der europäischen Bevölkerungsbefragung European Social Survey in der Schweiz zweifeln nicht an der Existenz des Klimawandels. Aber nur 44 Prozent sind der Ansicht, dass menschliche Aktivität

Reto Knutti, Professor für Klimaphysik an der ETH Zürich, sieht hier die von der Öffentlichkeit bezahlten Forschenden in der Pflicht, die Bevölkerung aufzuklären.[39] Das betrifft aber nicht einfach die Natur- oder gar nur die Klimaforscherinnen und -forscher. Im Gegenteil: Solange fast nur die *Natur*wissenschaftler warnen, ist der Fehlschluss möglich, beim »Klimawandel« handle es sich um ein Naturphänomen und nicht um das größte Problem der gegenwärtigen Menschheit. Umso mehr müssen auch die Forschenden weiterer Wissenschaftsdisziplinen, für die der Mensch im Zentrum steht, in der Vermittlung der Problem- und Lösungsdarstellung aktiv werden und sich in die Diskussionen aktiv einschalten: Dabei sind nicht nur Vertreter der Sozialwissenschaften oder Psychologie gefragt, um das eben auch nicht rationale menschliche Verhalten zu erklären und Modelle zu einem angepassten Handeln bereitzustellen. Dazu gehören ebenso die klassischen Geisteswissenschaften wie Philosophie, Geschichte oder Kulturwissenschaft, die sogenannten Humanities. Sie alleine sind imstande, die *menschliche* Dimension der Zerstörung der eigenen Lebensressource aus den im vorangegangenen Kapitel genannten Gründen darzustellen: Sie verfügen über eine historische und gesamtkulturelle Perspektive. Das Klimaproblem ist ein Mengenproblem, gekoppelt an ein immenses Zeitproblem. Wir verbrauchen innerhalb von Jahrzehnten Ressourcen, die sich über Jahrmillionen akkumuliert haben, und wälzen die Kosten auf Bewohner schwacher Länder ab, die bereits unter den Klimafolgen leiden, und auf unsere Folgegenerationen. Als Menschen

hauptsächlich oder vollumfänglich am Klimawandel schuld ist. Obwohl die Mehrheit (66 Prozent) der Meinung ist, sie persönlich müsse einen Beitrag im Kampf gegen den Klimawandel leisten, denkt nur eine Minderheit (33 Prozent), dass es eine Auswirkung auf den Klimawandel hat, wenn man seinen eigenen Energiekonsum senkt.« https://www.srf.ch/news/schweiz/umfrage-zeigt-zweifel-wer-ist-schuld-am-klimawandel (Januar 2023). So jedenfalls war das Meinungsbild noch vor der Klimabewegung.

39 »Zweifel am menschengemachten Klimawandel«. Echo der Zeit, 22. August 2018.

einer ökonomisch privilegierten Gesellschaft sind wir verpflichtet, nicht abseits zu stehen, sondern die naturwissenschaftlichen Erkenntnisse möglichst genau nachzuvollziehen, uns anzueignen und uns den sozialen, lebensweltlichen und kulturellen Kontexten und Dimensionen zu stellen.

PLEISTOZÄN – HOLOZÄN – ANTHROPOZÄN

Man kann über die Definition, ja selbst um die Berechtigung einer neu deklarierten geochronologischen Epoche streiten: des Anthropozäns, einer Epoche des Menschen.[40] Man kann darüber streiten, ob der Mensch in der Geologie gegenwärtig wirklich unübersehbare Spuren hinterlässt, welche noch nach Jahrmillionen lesbar sein werden. Man wird in der Geologie Spuren vermutlich in Form von Mikroplastik, von radioaktiven Abfällen und vielleicht noch von einzelnen monumentalen Eingriffen wie z. B. dem Bergbau finden. Ausmachen wird man, weil auch in geologischen Zeitdimensionen völlig einmalig, sicherlich einen plötzlichen Anstieg des CO_2-Anteils in der Luft. Ob man allerdings in ein paar Jahrtausenden noch Eis mit eingeschlossener Luft aus der heutigen Zeit finden wird für Bohrkerne, um die Kohlendioxidkonzentration in der Atmosphäre zu bestimmen, ist beim gegenwärtigen Business-as-usual-Szenario mehr als zweifelhaft. So verwischen wir gerade unsere Klimaspuren durch das sich anbahnende Abschmelzen des »ewigen Eises« Grönlands und der Antarktis. Doch vielleicht packen wir es ja, und der rasanten Kohlendioxidzunahme der letzten Jahre folgt eine ebenso schnelle Abnahme. Dann käme die Spur lediglich dem Spuk eines statistischen Ausreißers gleich. Machbar wäre es alleweil.

40 Anthropozän < anthropos (= Mensch) und kainos (= neu). Zur Berechtigung eines solchen Epochenbegriffs vgl. Noah Heringman: Deep Time at the Dawn of the Anthropocene. In: Representations 129:1 (2015), S. 56–85, hier S. 56–58.

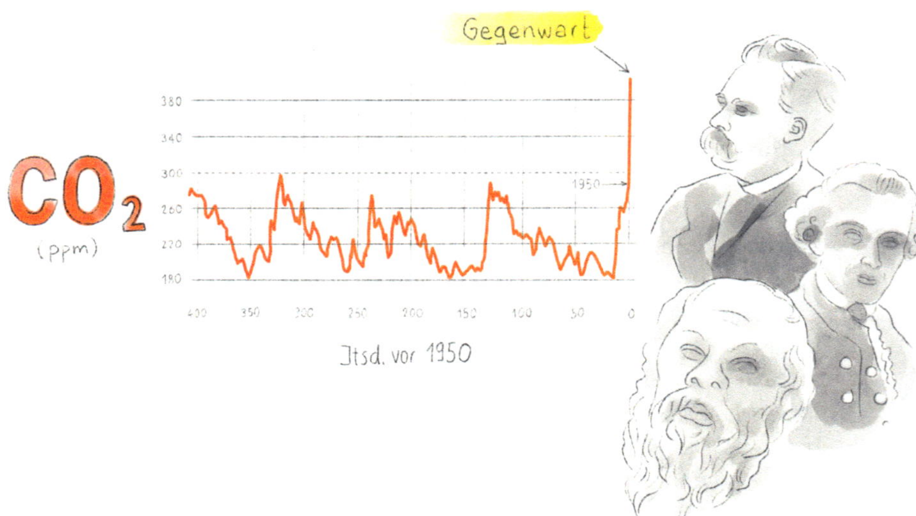
Humanities
Gegenwart
CO_2
(ppm)
380
340
300
260
220
180
1950
400
350
300
250
200
150
100
50
0
Jtsd. vor 1950

In den letzten 400.000 Jahren war der CO_2-Gehalt nie höher als 300 Anteile auf eine Million (parts per million = ppm), also 0,3 Promille. 2016 haben wir aber bereits den Wert von 400 ppm, 0,4 Promille, erreicht. In der geologisch besehen sehr kurzen Zeitperiode von 400.000 Jahren hat es – verglichen mit unseren Erfahrungen – riesige klimatische Änderungen auf der Welt gegeben: Eiszeiten und Warmzeiten, so die Elster-Kaltzeit vor 350.000 Jahren, die Holstein-Warmzeit vor 325.000 Jahren, die Saale-Kaltzeit vor 250.000 Jahren, die Eem-Warmzeit vor 125.000 Jahren und die Weichsel- bzw. die Würm-Kaltzeit im Alpenraum, welche vor ca. 115.000 Jahren begann und vor 11.700 Jahren endete. Mit dem Abschmelzen der Eispanzer stieg der Meeresspiegel innert Kürze um 120 Meter. Hier endet die Erdepoche des Pleistozäns und beginnt diejenige des Holozäns. Selbst während der Eem-Warmzeit, als der Kohlendioxid-Wert nicht 300 ppm erreicht hatte, lag der Meeresspiegel um 4 bis 6 Meter höher als heute.[41] Die globale Durchschnittstemperatur hingegen lag wahrscheinlich nur ein paar Zehntelgrade höher als heute.[42]

Den Menschen gibt es wahrscheinlich seit rund 3 Millionen Jahren. Erst vor gut 10.000 Jahren begann er teilweise sesshaft zu werden, Ackerbau zu betreiben und Tiere zu domestizieren – Voraussetzung für Zivilisationen, wie wir sie heute kennen. In diesem Zeitraum war das Klima sehr stabil. Der Kohlendioxidgehalt lag um die 280 ppm, die Temperatur schwankte im Bereich von +/–1 °C – abgesehen von ein paar Vulkanausbrüchen. Man spricht vom Holozän. Mit der Entdeckung von Kaltzeiten während des 18. Jahrhunderts und der genaueren Datierung der Eiszeiten im ausgehenden 19. Jahrhundert wurde ein Bewusstsein dafür geschaffen, dass das Klima des Holozäns mit großer Wahr-

41 NEEM Community Members: Eemian interglacial reconstructed from a Greenland folded ice core. Nature 493 (2013), S. 489–494.

42 Valerie Masson-Delmotte et al.: An optimized multi-proxy, multi-site Antarctic ice and gas orbital chronology (AICC2012): 120–800 ka. In: Climate of the Past 9:4 (2013), S. 1715–1731.

scheinlichkeit einer Warmphase entspricht und jederzeit eine Eiszeit folgen kann. Noch in den frühen 1980er Jahren hielt etwa der umstrittene, aber populäre Physiktheoretiker und Astronom Fred Hoyle (Cambridge) eine künstliche Erwärmung der Atmosphäre und der Ozeane gar für dringlich notwendig, um eine drohende Eiszeit abzuschwächen. Ein nahes Eiszeitszenario hatte damals nicht zuletzt unter dem unmittelbaren Eindruck extremer Winter der 1970er Jahre eine zumindest gefühlte Plausibilität.[43]

Den Treibhauseffekt entdeckte Joseph Fourier bereits 1824. 1965 wurde der erste Expertenbericht über die Klimaerwärmung für die amerikanische Regierung erstellt. Das bereits ältere Wissen um die Wirkung der Klimagase, die neuesten Daten und die Klimaforschung halten fest, dass die Angst vor einer neuen Eiszeit unbegründet ist. Im Gegenteil: Bereits mit dem CO_2-Ausstoß seit der Industrialisierung wurde ein Wert erreicht, der das Schwanken zwischen Kalt- und Warmzeit, wie wir es aus dem Pleistozän kennen, aussetzt.[44] Das Maß einer noch ungefährlichen Kohlendioxidkonzentration in der Atmosphäre wurde bereits im Laufe der 1980er Jahre überschritten.

Während der letzten 400.000 Jahre war der **CO_2-Gehalt** in der Atmosphäre nie höher als 300 ppm. Seit 10.700 Jahren (Holozän) war das Klima sehr stabil, mit einem Kohlendioxidgehalt von 280 ppm und Temperaturschwankungen im Bereich von +/–1 °C – ein für den Menschen und seine Lebenswelt ideales Klima. 2013 haben wir aber bereits eine CO_2-Konzentration von 400 ppm erreicht. Seit rund 3 Millionen Jahren war der CO_2-Gehalt der Luft nicht mehr so hoch. Die Menschheit selber hat also noch nie einen so hohen Wert erlebt.

43 Vgl. Fred Hoyle: Ice, the Ultimate Human Catastrophe. New York 1981.

44 Vgl. Andrey Ganopolski et al.: Critical insolation – CO_2 relation for diagnosing past and future glacial inception. Nature 529 (2016), S. 200–203.

Die Zahlen für die Klimagaskonzentration in unserer Atmosphäre bilden unsere Referenzwerte: Wenn wir wissen, dass sich die menschliche Zivilisation mit besagtem Wert um die 280 ppm in einem sicheren Bereich bewegt hat und dass es mit einem Wert von knapp 300 ppm eigentlich schon zu warm wird, wie die Warmzeiten im Pleistozän belegen, müssen wir uns ernsthaft überlegen, wie wir unserem und für unsere Lebenswelt günstigsten Klima am besten Kontinuität verleihen. Der Kohlendioxidgehalt ist sinnvollerweise längerfristig auf leicht unter 300 ppm zu senken. Mittelfristig (d. h. im Laufe dieses Jahrhunderts) müsste man die CO_2-Konzentration wieder auf den Wert von 350 ppm senken, wie das die planetare Grenze der Klimaerwärmung vorgibt, um so längerfristige Schäden, die sich über Jahrtausende erstrecken können, zu unterbinden (▸ *Planetare Grenzen definieren*). Wir sollten also schon jetzt nicht mehr vom Ausstoß, sondern von einer massiven Rückbindung von CO_2 sprechen. Dass der Mensch beim Verbrennen fossiler Energieträger auf eine Ressource zurückgreift, welche sich weit vor dem Pleistozän angelagert hat, verdeutlicht die Maßlosigkeit gegenwärtigen Handelns (▸ *Geologische Zeitdimension*).

WETTER UND KLIMA

Bereits der erste Sachstandbericht des IPCC 1990 spricht von »climate change«. So klar bereits damals der Zusammenhang zwischen der Menge an Treibhausgasen und Klimaerwärmung benannt wurde, so sehr verbirgt sich hinter dem Begriff »Klimawandel« der Wolf im Schafspelz. Noch zu oft wird das Wetter mit dem Klima verwechselt. Besonders in den mittleren Breitengraden sind wir wechselhaftes Wetter gewohnt. Die Vorhersehbarkeit beschränkt sich im besten Falle auf ein paar Tage, falls z. B. ein stabiles Hoch oder Tief vorherrscht. Im Falle einer flachen Druckverteilung sind Prognosen hingegen viel schwieriger. Die Gewitterwahrscheinlichkeit ist zwar bezifferbar, aber die Vorhersage des genauen Ortes samt Niederschlagsmenge eigentlich ein Ding der Unmöglichkeit.

Das ist darauf zurückzuführen, dass das Wetter vor allem bei instabilen Voraussetzungen auf kleinste Änderungen reagiert und dann in die eine oder andere Richtung getriggert wird.

Das Klima hingegen bezeichnet den Durchschnitt aller klimatisch bedingten Wechsel wie auch deren typische Reihenfolge. Die Weltorganisation für Meteorologie (World Meteorological Organization, WMO) präzisiert in ihrem Glossar, dass sich beim Klima in einem engeren Sinn der Durchschnitt der Variablen auf eine Zeitperiode von über 30 Jahren erstreckt und damit Parameter wie Temperatur, Niederschlag und Wind an einem Ort über Monate, über Tausende oder sogar über Millionen von Jahren quantifiziert werden. Das Klima in einem weiteren Sinn bezeichnet den Zustand eines Klimasystems. Das Klima zeichnet sich somit durch eine erstaunliche Konstanz aus. Es ist jedoch abhängig von äußeren Faktoren, insbesondere von der Temperaturdifferenz zwischen Äquator und Polarzonen. Je höher die Durchschnittstemperatur, desto kleiner diese Differenz und desto kleiner der Luftaustausch durch die Jetstreams (starke Winde in oberen Atmosphärenschichten), aber auch desto größer die regionale Ansammlung und Entladung von Energie. Entsprechend verändern sich damit zusammenhängende sekundäre Systeme wie die globale thermohaline Zirkulation der Weltmeere. Die Abweichungen vom Zustand im Holozän sind ein Indikator dafür, wieviel durch den Menschen verursachter »Klimawandel« inzwischen im Wetter steckt.[45]

Thermohaline Zirkulation meint verschiedene Meeresströmungen, welche alle Ozeane miteinander verbinden und das globale Klima bestimmen – denken wir nur an den Golfstrom. Dieser globale Kreislauf reagiert äußerst sensibel auf klimatische Veränderungen. Wenn etwa durch die Eisschmelze an den

45 Friederike Otto: Wütendes Wetter. Auf der Suche nach den Schuldigen für Hitzewellen, Hochwasser und Stürme. Berlin 2019.

Polkappen zusätzlich Süßwasser eingetragen wird, ändert sich die thermohaline Dynamik bereits heute. Die Befürchtung besteht darin, dass zu einem bestimmten Zeitpunkt das ganze Zirkulationssystem zusammenbrechen könnte, was fatale Rückkopplungseffekte etwa auf den Amazonas und das antarktische Festlandeis hätte und dem Klima zusätzlich einheizen würde.

Das Wetter in seiner Gesamtheit über viele Jahre konstituiert somit das Klima, wobei sich Wetterkapriolen wie punktuelle Extremwerte in Temperatur und Niederschlag über das langjährige Mittel wieder ausgleichen, wenn sich in anderen Jahren z. B. gegenläufige oder Durchschnittstrends abzeichnen. Das Klima bestimmt aber wiederum das Wetter. Häufen sich die vormals selten auftretenden Klimaextreme immer mehr, bestimmen sie über die Jahre zunächst den Durchschnitt selbst. So kann man z. B. die globale Klimaerwärmung Monat für Monat über den gleichnamigen Wikipedia-Eintrag in einer Animation des britischen Met Office (der nationale britische Wetterdienst) verfolgen.[46] Durch die Konstanz der erhöhten Temperaturen ändert sich somit das Klima, das wiederum ganze Systeme abschwächt – wie die Jetstreams und sekundär die Meeresströmungen.

Diese veränderten Systeme führen wieder zu neuen Grundbedingungen für das Wetter: Verringert sich der Jetstream, kommt es in den mittleren Breiten von Nordamerika über Europa bis nach Japan vor allem im Sommer zu – im Vergleich zu früher – stabileren Hochdruckgebieten, welche nicht mehr so schnell von Tiefdruckgebieten abgelöst werden.[47] Nimmt der Golfstrom gleichzeitig ab, weil er durch abschmelzendes Grönlandeis gebremst wird und das Nordpolarmeer zu warm wird und nicht mehr richtig

46 Es handelt sich dabei um die monatlichen Temperaturen 1850–2016 nach den HadCRUT4-Daten des Met Office.

47 Otto Wörbach: Über den Wolken aus der Puste. Tagesspiegel, 9. August 2018.

als Antrieb der thermohalinen Zirkulation funktioniert, wird die Wärme aus dem Golf von Mexiko nicht mehr abgeführt.[48] Es wird überdurchschnittlich heiß in der Karibik, was die Bildung von Wirbelstürmen begünstigt – Hurrikan Katrina 2015 ist ein Beispiel.[49] In Europa wiederum nimmt die ausgleichende Wirkung des Atlantiks auf das Klima zusätzlich ab, sodass es im Winter in gewissen Regionen sporadisch sogar kälter werden kann, wenn Polarluft nicht mehr durch die Jetstreams in ihren Breiten zurückgehalten wird, sondern Richtung Süden strömt. Das Klima in Europa könnte mit Dürre- und Hitzeperioden im Sommer oder mit langanhaltenden heftigen Niederschlägen sowie mit Kälteeinbrüchen im Winter einerseits kontinentaler, andererseits tropischer werden. Aber dies sind erst Hypothesen. Es kann ebenso gut sein, dass selbst die Kategorien wie kontinentales und tropisches Klima nicht mehr richtig zutreffen. So katapultiert uns der »Klimawandel« in heute unvorstellbare Szenarien.

Die Prognostizierbarkeit des Wetters beschränkt sich auf ein paar Tage. Die Prognostizierbarkeit des Klimas ist zwar auch nicht einfach. Fest steht aber die kontinuierliche Erwärmung durch den immer höheren Anteil an Treibhausgasen in der Luft. Hingegen ist unklar, wie sich diese globale Erhöhung an zurückgehaltener Energie vorab in den Wasseroberflächen und in der Atmosphäre wieder auf die einzelnen, sich wahrscheinlich auch neu konstituierenden Klimaregionen auswirkt. Man weiß nur, dass mit starken Rückkopplungen gerechnet werden muss, die das Klima nicht mehr linear, sondern exponentiell verändern. Darum müssten wir eigentlich von »Klimaexplosion« sprechen. Sie ist unberechenbar und daher brandgefährlich. So sehr sich der Begriff »Klimawandel« als wissenschaftlich und medial etabliertes Stichwort verbreitet

48 Levke Caesar et al.: Observed fingerprint of a weakening Atlantic Ocean overturning circulation. Nature 556 (2018), S. 191–196.

49 Die Wahrscheinlichkeit eines solchen Wetterereignisses hat sich mit der Globalen Erwärmung im Vergleich zur vorindustriellen Zeit vervielfacht. Vgl. nochmals Friederike Otto: Wütendes Wetter (2019).

hat, so sehr müssen wir uns bewusst sein, welche Dimensionen er einschließt. So steht er anderen in Ökonomie und Alltagswelt positiv konnotierten Konzepten von Wandel diametral entgegen.[50] Darum bleibt der Klima»wandel« ein Wolf im Schafspelz.

PHYSIKALISCHE TRÄGHEIT UND POLITISCHER PARADIGMENWECHSEL – UND NICHT UMGEKEHRT

Dennoch bleiben nicht ganz unproblematisch alternative Begriffe für den »Klimawandel«, welche sich aus dem kriegerischen Arsenal speisen: Wir »katapultieren« uns gerade in eine »Heißzeit«, die Klimawerte »explodieren«. So heißt es bei Schellnhuber. Zwar werden durch die höheren Temperaturen und durch den entsprechend höheren Energiegehalt der Luft spektakuläre Wetterereignisse immer häufiger. Dabei handelt es sich um punktuelle Ereignisse, die wegen ihres Sensationswerts aufrütteln können, weil sie sofort sichtbare und bezifferbare Schäden verursachen. Doch die größte Zerstörung geht von langsamen Veränderungen aus: Die Biodiversität wird – neben Umweltverschmutzung, Reduktion der Lebensräume und übermäßiger Jagd sowie Fang – durch den kontinuierlichen Wärmestress, dem Flora und Fauna ausgesetzt sind, rasant reduziert; die großen Migrationsbewegungen entstehen da, wo aufgrund langanhaltender Dürren die Wüste in die Steppe vordringt. Eine schleichende und unspektakuläre Gewalt wird ausgeübt, welche letztlich mehr Opfer als die sensationellen Ereignisse verursacht, aber nicht einfach zu beziffern ist.

50 Das populärste biologistische Modell von gesellschaftlichem Wachstum, Verfall und Tod ist wohl nach wie vor Oswald Spenglers »Untergang des Abendlandes« (1923). Joseph Schumpeter baut mit seinem Prinzip der produktiven Zerstörung (»Kapitalismus, Sozialismus und Demokratie«, 1950) wiederum auf dem Marx'schen Revolutionsmodell auf. Aber in der postmodernen Philosophie gehen etwa Gilles Deleuze und Félix Guattari von einem Modell aus, »das unaufhörlich entsteht und einstürzt«. Gilles Deleuze, Félix Guattari: Tausend Plateaus. Kapitalismus und Schizophrenie 2. Berlin 1992 [1981], S. 35.

Die größte Zerstörung hat also nicht Ereignischarakter, welcher medial ausgeschlachtet werden kann. Darum stellt der Begriff der »Globalen Erwärmung« (*Global Warming*) wahrscheinlich weiterhin die beste Bezeichnung dar.

Die Gewalt betrifft diejenigen am stärksten, die am wenigsten Schuld tragen (▸ *Slow Violence*). Ereignisse, welche aus dieser langsamen Gewalt entstehen können, wie erhöhte Gewaltbereitschaft, Aufstände, Bürgerkriege und Migration aufgrund jahrelanger Dürreperioden, werden noch kaum in den Zusammenhang mit dem »Klimawandel« gestellt. Es werden – sachlich durchwegs korrekt – zusätzliche Faktoren wie ethnische, religiöse oder sozial-ökonomische Spannungen oder politisch-ökonomische Einflussnahme durch Industrieländer und ehemalige Kolonialmächte angeführt, hinter denen sich die klimatischen Strukturänderungen verbergen. Dadurch wird der Schuldzusammenhang zwischen Verursacher und Leidtragenden meist verdeckt.

Wie der »Klimawandel« begleitet uns die »Anpassung« ebenso ins begriffliche Minenfeld der Klimapolitik. Im Unterschied zum Wolf im Schafspelz begegnet uns hier ein Konzept, das nur begrenzt anwendbar und vor allem massiv von den vorhandenen Ressourcen abhängig ist. Der Begriff Anpassung taucht zwar 1990 im ersten Sachstandbericht des IPCC auf. Es wird ihm aber zunächst kritisch begegnet.[51] Offenbar sieht man zu Beginn die Gefährlichkeit darin, einen Weg aufzuzeigen, der sehr schnell in Unwägbarkeiten mündet.[52] Dennoch einigt sich der Klimarat im Bericht von 2007 auf folgende Definition von Anpassung, die darauf in der UN-Klimarahmenkonvention Verwendung findet (vgl.

51 »This report does not attempt to anticipate any adaptation, technological innovation or any other measures to diminish the adverse effects of climate change that will take place in the same time frame.« IPCC: Climate Change. The IPCC Impacts Assessment. Report prepared for Intergovernmental Panel on Climate Change by Working Group II. Canberra 1990, S. 1. Diesem Satz begegnet man nur in diesem ersten IPCC-Sachstandbericht.

52 Der Kampf um die Köpfe: der Meinungskampf um die Klimapolitik. Forschungsjournal Soziale Bewegungen, 25:2 (2012).

UNFCCC 2014): »Angleichung eines natürlichen oder menschlichen Systems an tatsächliche oder zu erwartende klimatische Stimuli oder deren Effekte, um Schäden zu mildern oder mögliche Vorteile zu nutzen.« (IPCC 2007: 869) 2012 veröffentlichte das IPCC einen separaten Bericht unter dem Titel *Management des Risikos von Extremereignissen und Katastrophen zur Förderung der Anpassung an den Klimawandel.*[53] Die Möglichkeit von »Anpassung« wird somit ab 2007 in die offizielle Agenda des IPCC aufgenommen.

Soweit es geht, und vor allem soweit die finanziellen Ressourcen reichen, erfolgen die Anpassungen an den »Klimawandel« in den ökonomisch privilegierten Ländern im Zuge von Infrastrukturerneuerungen: Küstendämme werden erhöht, um den Meeresspiegelanstieg zu antizipieren und das Festland zu schützen; Flussbette werden amelioriert, um Jahrhundertüberschwemmungen aufzufangen. Man installiert Klimaanlagen, damit die Hitze erträglicher wird; man hellt Dächer auf oder bepflanzt sie, um städtische Hitzeinseln zu mildern; man sammelt Regenwasser in Zisternen, um immer länger werdende Trockenperioden zu überbrücken; man verbietet das Bewässern von Rasen. Diese Liste lässt sich bereits heute fast beliebig erweitern.[54] Die zynische Rechnung kann darin bestehen, den Mitteleinsatz für diese Anpassungsmaßnahmen gegen die Kosten aufzurechnen, die man bei der Nicht-Umsetzung einer CO_2-Ausstoß-Verhinderung (*mitigation*) verursacht.

Die Schwierigkeit ist eine doppelte und hat mit dem Allmendeproblem zu tun. Sie besteht erstens darin, dass die Kosten, welche beispielsweise eine ausgestoßene Tonne CO_2 verursacht, direkt eine Frage von Lokal- und Globalpolitik bilden: Rechnen

53 IPCC: Special Report on Managing the Risks of Extreme Events and Disasters to Advance Climate Change Adaptation – SREX. Cambridge 2012.

54 Vgl. IPCC: Assessment of Adaptation Practices, Options, Constraints and Capacity. In: Climate Change 2007: Impacts, Adaptation and Vulnerability. Contribution of Working Group II to the Fourth Assessment Report of the Intergovernmental Panel on Climate Change. Cambridge 2007, S. 717–744.

wir lediglich mit den Kosten, die der Gesellschaft lokal entstehen, oder sind wir auch bereit, die externalisierten Kosten, die in anderen Weltteilen durch unsere Emissionen entstehen, zu übernehmen? Zweitens fallen die Kosten für die Anpassung in den meisten Fällen da an, wo das Kohlendioxid gar nicht emittiert wird. Wer ist für den Dammbruch in Bangladesch verantwortlich, dessen Bevölkerung im Durchschnitt 20 Mal weniger CO_2 ausstößt als die europäische? Oder in Mali, wo man 200 Mal weniger fossile Energien pro Kopf benötigt, aber direkt von der Verwüstung betroffen ist (Vgl. die Darstellung ▸ *Die (un)bekannten Dimensionen im Anthropozän*)? Wie schon beim Begriff »Klimawandel« handeln wir uns mit dem Begriff der »Anpassung« das Problem ein, dass die gravierende Situation dahinter erkannt werden muss. Zum einen ignoriert man weitgehend die ungleiche und darum auch höchst ungerechte Verteilung der Anpassungskosten; zum anderen tut man so, als ob man das Problem mit den entsprechenden Maßnahmen vor Ort in den Griff bekäme. Doch »Anpassungen« greifen nur in einem sehr engen Rahmen, nämlich nur solange bestimmte Kipppunkte bzw. Rückkopplungen wie die Selbstentzündung zu trockener tropischer Wälder oder wie das Abschmelzen von Festlandeis noch nicht zu gravierend sind. Leider müssen wir davon ausgehen, dass bestimmte Kipppunkte vielleicht schon erreicht worden sind. So ist ohne unser Dazutun eine weitere Erwärmung nicht mehr auszuschließen. Leider hat die Erde keinen Thermostat.

Johan Rockström, ehemaliger Direktor des Stockholm Resilience Center, thematisiert in seinen Reden, so auch vor Verantwortlichen aus Wirtschaft und Politik wie beim Weltwirtschaftsforum in Davos, die Vorgaben von Paris 2015 und setzt auf das Klimaziel von einer maximalen Temperaturerhöhung von 1,5 °C. Dafür propagiert er die Halbierung des Kohlendioxidausstoßes in jeder Dekade, um 2050 den Nullwert zu erreichen.[55] Dies mag zwar

55 World Economic Forum: Beyond the Anthropocene | Johan Rockström (14. Februar 2017), https://youtu.be/V9ETiSaxyfk (Januar 2023).

immer noch ambitioniert klingen. Doch damit folgt Rockström im Grunde genommen lediglich der politischen Vorgabe und propagiert einen Weg, der ökonomisch-politisch 2015 als gangbar erschienen ist. Die Klimajugend fordert inzwischen eine forschere Gangart mit Nullemissionen bis 2030. Gleichzeitig weiß der Naturwissenschaftler, dass der Grenzwert für Klimagase bereits 1987 überschritten worden ist – wie er als Hauptautor des Artikels 2009 zu den planetaren Grenzen festhält. So ist zu unterscheiden zwischen dem politisch Opportunen, das ein bestimmtes Datum und eine bestimmte Agenda trägt, und dem planetarisch Notwendigen – das politisch und ökonomisch in die offizielle Klimapolitik noch nicht gänzlich Eingang gefunden hat, sich aber in den Zwischenberichten des IPCC seit 2015 immer deutlicher artikuliert: Erstens steht uns kein Kohlenbudget mehr zur Verfügung, wenn wir die Klimaerwärmung wirklich auf die absolut notwendigen 1,5 °C gegenüber dem vorindustriellen Zeitalter begrenzen wollen. Zweitens ist ebenso schnell, wie wir in Zukunft dekarbonisieren müssen, die Rückbindung von CO_2 aus der Atmosphäre voranzutreiben. Auf diese beiden Punkte kommen wir nochmals genauer zurück (▸ *Klimagas-Emission als neoimperiale Gewaltausübung*).

Angesichts der jüngsten Forschungsergebnisse gilt es, nicht einfach den durch das Pariser Klimaabkommen beschlossenen Absenkpfad zu beschreiten, sondern diesen zu verschärfen, indem ein Paradigmenwechsel herbeigeführt wird. Denn die Technologien stehen zur Verfügung, die Finanzmittel bereit. So wie man Fluorchlorkohlenwasserstoffe global verbieten musste, um die Zerstörung der stratosphärischen Ozonschicht zu stoppen, müsste ein Verbot auch für fossile Energieträger möglich sein. Für die Effizienz eines solchen Paradigmenwechsels ist aber die Rolle des CO_2 in Bezug einerseits auf den Energiehunger der Menschheit, andererseits auf den natürlichen Kreislauf darzulegen und zu kontextualisieren (▸ *Der Hunger nach fossiler Energie*).

DIE (UN-)BEKANNTEN DIMENSIONEN IM ANTHROPOZÄN

Unser Glück bestand bisher darin, dass die Systeme der Biosphäre auf substanzielle Änderungen zunächst träge reagieren. Doch die Klimadaten und Klimaszenarien sprechen eine überdeutliche Sprache: Mit großer Wahrscheinlichkeit haben wir inzwischen die Schwelle zu einer unaufhaltsamen Erwärmung erreicht. Physikalische Prozesse im planetarischen Ausmaß sind schwierig zu stoppen. Man unterscheidet insbesondere in der Klimafolgenforschung zwischen schnellen und trägen Rückkopplungen, so zwischen der Verringerung der Albedo und somit der Erhöhung der Wärmeabsorption durch das Abschmelzen des Nordpolarmeereises einerseits und demselben Effekt durch das Abschmelzen von Festlandeis auf Grönland oder in der Westantarktis. Während das fehlende Eis auf dem Nordpolarmeer bereits jetzt das Klima zusätzlich aufheizt, dauert es noch einige Zeit, bis die Grönländischen Eismassen abgeschmolzen sein werden und die dortige Landmasse die Wärme zusätzlich absorbiert.

Die Verzahnung von schnellen und trägen Rückkopplungen lässt sich anhand der unterschiedlichen Erwärmung von Land- und Wassermasse illustrieren: Die globale Durchschnittstemperatur liegt heute zwar »erst« 1 °C höher als zu vorindustrieller Zeit. Das Festland hat sich aber bereits deutlich stärker erwärmt. Die Ozeane absorbieren einen großen Teil des Temperaturanstiegs noch, speichern die Energie im Wasser und reagieren darum relativ träge. Über 90 % der Wärme ist in den Weltmeeren gespeichert, wobei sich seit 1971 die oberen 75 Meter bereits um 0,5 °C erwärmt haben. Hingegen ist nur 1 % in der Atmosphäre gespeichert, der Rest in Gestein, Wasser und Biomasse auf dem Festland.[56] Wenn die Ozeane die globale Durchschnittstemperatur aufgenommen haben, werden sie umso klimaaktiver sein und umso länger brauchen, bis sie nach einer möglichen Reduktion der Klimagase und

56 IPCC: Climate Change 2014: Synthesis Report, S. 4.

Wärmespeicherung

des überhöhten Temperatureintrags in die Atmosphäre wieder ihre Temperatur langsam senken.

Die extremen Wetterereignisse verändern das Klima nicht von einem Tag auf den anderen. Das Eis auf Grönland und in der Westantarktis schmilzt nicht von heute auf morgen ab, die Jetstreams und der Golfstrom stoppen nicht sofort. Die Wüstenbildung zieht sich auch über Jahre hin. Doch beschleunigen sich die Rückkopplungseffekte auf einmal rasant, wenn sich beispielsweise die Eisoberfläche auf Grönland durch das Abschmelzen unter eine bestimmte Höhe über dem Meeresspiegel gesenkt hat, wo es für den Eiswiederaufbau schlicht zu warm ist.

Darum ist es gleichzeitig unser Pech, dass viele Systeme zunächst träge reagieren. Ansonsten hätten wir schon vor Jahren auf internationaler Ebene verbindliche Maßnahmen ergriffen. So stoßen wir im Moment in Dimensionen vor, welche historisch unvergleichbar sind. Durch den Menschen verursachte Umweltveränderungen lassen sich bis zu Beginn der klimatisch relativ stabilen Epoche des Holozäns vor 11.700 Jahren zurückverfolgen. Davor gibt es keine Zeugnisse. Wir haben davon auszugehen, dass der Mensch wie andere Tiere um das Überleben kämpfen musste, wahrscheinlich schon sprachlich kommunizieren und über das Jenseits nachdenken konnte, aber über keine Infrastruktur verfügte, wie sie mit der Sesshaftigkeit Einzug hielt und von der wir heute vollständig abhängig sind. Vielleicht ist es nicht einmal die Industrialisierung selbst, welche zum eigentlichen Kohlendioxidproblem geführt hat. Solange die Weltmeere und Wälder den Ausstoß einigermaßen absorbieren konnten, erhöhte sich der Wert auch nicht markant.

Den eigentlichen Wendepunkt können wir in den 1950er Jahren ansetzen. Seither entwickelten sich der Verbrauch von fossilen Energieträgern und der CO_2-Ausstoß exponentiell. Allein die »Bevölkerungsexplosion« ist nicht daran schuld. Hat sich die Weltbevölkerung seit 1950 verdreifacht, so hat sich der Kohlendioxidausstoß im selben Zeitraum versiebenfacht.

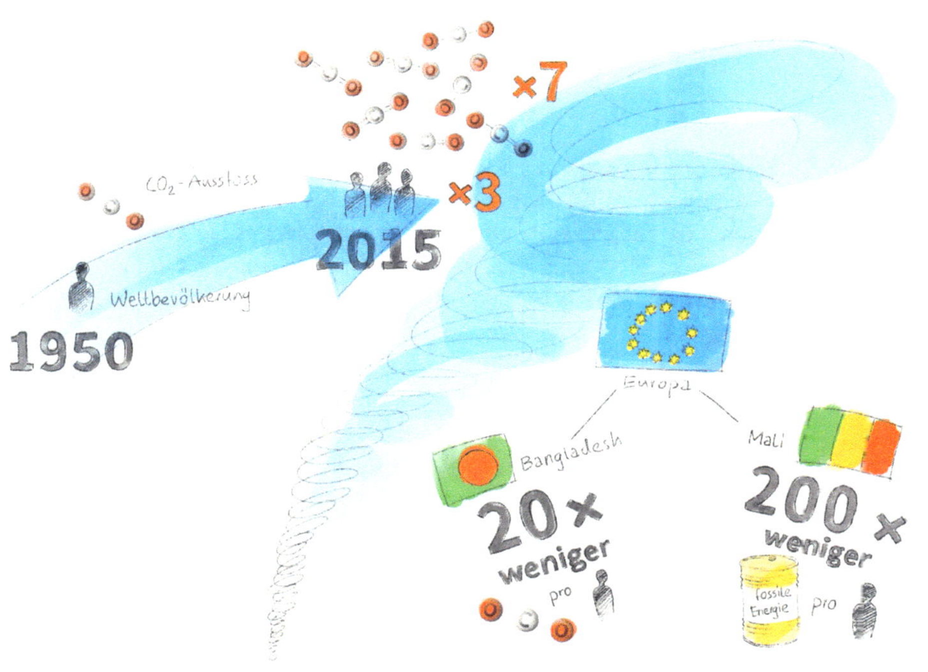

×7
CO_2-Ausstoss
×3
2015
Weltbevölkerung
1950
Europa
Bangladesh
Mali
20×
weniger
pro
200×
weniger
Fossile Energie
pro

Dazu kommt, dass sich seit den 1990er Jahren der Verbrauch nochmals deutlich gesteigert hat, vor allem wegen zusätzlicher Kohle- und Erdgasverbrennung. Innerhalb von knapp 30 Jahren hat die Menschheit den CO_2-Gehalt der Atmosphäre von 350 ppm auf über 400 ppm erhöht und damit die Bandbreite nicht nur des Holozäns, sondern ebenso des ganzen Pleistozäns sehr plötzlich verlassen.

Charles Keeling begann seine täglichen Messungen, aus denen sich die bekannte **Keeling-Kurve** ergibt, 1957 im abgelegenen Manua Loa auf Hawaii. Die CO_2-Konzentration lag damals bei 315 ppm. 1970 stieg der Wert auf 325 ppm, 1987 lag er bei 350 ppm, 2005 bereits bei 380 ppm. Seit Beginn der Industrialisierung erhöht sich der Wert exponentiell: In den 1950er Jahren erhöhte sich die CO_2-Konzentration um jährlich 0,7 ppm, in den 1990er Jahren bereits um 1,5 ppm und zu Beginn des Jahrtausends um 2,2 ppm. Inzwischen liegt die Steigerungsrate bei 3,5 ppm. Der jeweils aktuellste Stand ist einsehbar unter https://scripps.ucsd.edu/programs/keelingcurve.

ZURÜCK ZUM HOLOZÄN: PLANETARE GRENZEN

Ist es notwendig, wieder das vorindustrielle Level des Holozäns von rund 280 ppm zu erreichen? Ein solches Szenario würde eine riesige global orchestrierte Kohlendioxidrückholaktion bedeuten. Ziemlich genau ein Drittel des Kohlendioxids müsste der Atmosphäre entzogen werden. Noch gibt es aber keine kostengünstige, großflächig anwendbare und effiziente Technologie. Die internationale Forschergruppe um den bereits genannten Johan Rockström und das Stockholm Resilience Center haben 2009 den Vorschlag gemacht, das Klimaproblem zwar als wichtigste Herausforderung zu benennen, dieses aber neben acht weitere Problemfelder zu stellen. Die Forschungsgruppe belegt, wie der menschengemachte Druck auf die gesamte Biosphäre so groß geworden ist, dass abrupte durch den Menschen verursachte Umweltänderungen jederzeit eintreten können, welche irreversibel sind.[57] Das exponentielle Wachstum des Energiehungers und der Ausnutzung natürlicher Ressourcen hat zu einer Situation geführt, in der wesentliche biophysikalische Prozesse, von denen die Menschheit abhängt, aussetzen.

Das dominante Paradigma sozialer und ökonomischer Entwicklung vernachlässigt die immer größer werdenden Risiken von Umweltdesastern auf lokaler, kontinentaler und globaler Ebene. Darum fragt sich die Forschungsgruppe, unter welchen Umweltbedingungen sich die Menschheit mit allen zivilisatorischen Errungenschaften von der Viehzucht über den Ackerbau und die soziale Ausdifferenzierung bis hin zu komplexen Infrastrukturen etablieren konnte. Dank der fortgeschrittenen Klimaforschung weiß man von den Vorzügen der stabilen Umweltbedingungen im Holozän der letzten 11.700 Jahre. Diese Stabilität – so die Forschungsgruppe – hat Menschen zum ersten Mal veranlasst, ihre natürliche Umwelt nicht nur auszubeuten, sondern ebenso zu pflegen und für sich nutzbar zu machen. Inzwischen seien wir von diesen Interaktionen mit der Umwelt in solchem Ausmaß abhängig geworden und haben Gesellschaft und Kulturtechniken, Technologie und Ökonomie darauf aufgebaut, dass die Bedingungen des Holozäns als nachhaltige Referenz für einen wünschenswerten Zustand des Erdsystems gelten müssen.

Wie kann nun die planetare Grenze in Bezug auf die Klimaerwärmung und den menschlich verursachten Eintrag von Klimagasen in die Atmosphäre konkret definiert werden? Hier gilt es zunächst zu berücksichtigen, dass die Grenze *vor* der Schwelle angesetzt wird, ab der das Klimasystem kippen kann. Wie bereits die Zusammenfassung des Klimagipfels in Kopenhagen 2009 festhält,

57 »Anthropogenic pressures on the Earth System have reached a scale where abrupt global environmental change can no longer be excluded.« Johan Rockström et al.: Planetary Boundaries (2009).

besteht ein nicht zu unterschätzendes Risiko eines schädlichen Klimaeinflusses, auch wenn die 2-°C-Grenze eingehalten werden kann.[58] Nicht nur führt diese Warnung zur strengeren Zielvereinbarung von Paris 2015, den Temperaturanstieg deutlich unter 2 °C, wenn möglich bei 1,5 °C, zu begrenzen. Dabei ist nicht nur die Klimagaskonzentration in der Luft ausschlaggebend. Ebenso ist der erhöhte Wert der Wärmeabsorption mit einzubeziehen. Beobachtet wird das gegenwärtige Verlassen des Klimagleichgewichts, auf dem beispielsweise Jetstreams und Meeresströmungen beruhen, aber auch das Verhalten der polaren Eisschilde unter den gegenwärtigen Bedingungen einer CO_2-Konzentration von über 420 ppm und einer Zunahme von über 1,6 Watt pro Quadratmeter an Nettoabsorption pro Jahr.

Johan Rockström et al. definierten 2009 neun Umweltprozesse und ihre Belastungsgrenzen, die **planetaren Grenzen**. Klimawandel, Versauerung der Ozeane, Abbau der Ozonschicht in der Stratosphäre, biogeochemische Kreisläufe von Stickstoff und Phosphor, globale Süßwassernutzung, Landnutzungsänderungen, Biodiversitätsverlust, atmosphärische Aerosole und der Eintrag von Chemikalien, radioaktiver Materialien, Nanomaterialien und Mikroplastik. Vier davon wurden bereits überschritten: Globale Erwärmung, Biodiversitätsverlust, Stickstoffkreislauf und Landnutzung. In diesen Bereichen besteht die Gefahr irreversibler und abrupter Umweltveränderungen.

Der Forschungsbericht hält fest, dass die gegenwärtigen Klimamodelle in bedeutendem Maße die Langzeitfolgen zukünftiger Klimaerwärmung unterschätzen. Erfasst man die paläoklima-

58 Katherine Richardson et al.: Synthesis Report: Climate Change: Global Risks, Challenges and Decisions. Summary of the Copenhagen Climate Change Congress. 10–12 March 2009. Kopenhagen 2009.

tischen Daten aus der Zeit vor 65 Millionen Jahren und verfolgt die langfristige Erdabkühlung wegen abnehmender Kohlendioxidkonzentrationen, fällt auf, dass die Erde so lange eisfrei war, bis der Wert unter 450 ppm sank. Die schnelle Eisabnahme im Nordpolarmeer während der letzten Jahre, der Eismassenverlust auf Grönland und in der Westantarktis, die deutliche Beschleunigung der Meeresspiegelerhöhung durch die Wassererwärmung, die Verschiebung der subtropischen Zone um über vier Breitengrade nach Norden bzw. Süden, die Ausbleichung der Korallenriffe, die Zunahme der Anzahl an Überschwemmungen und nicht zuletzt das Anschieben langsamer Rückkopplungseffekte, die kaum mehr aufzuhalten sind – all das sind eindeutige Indizien, dass wir die planetaren Grenzen der Klimaerwärmung bereits überschritten haben. Über 400 ppm Kohlendioxidkonzentration und 1,6 Watt zusätzliche Wärmeabsorption pro Quadratmeter bringen das Gleichgewicht des Holozäns definitiv aus dem Ruder. Um das Klima längerfristig wieder in stabile Verhältnisse zu bringen, dürfen laut der Forschergruppe 350 ppm Kohlendioxid und ein Watt zusätzliche Wärmeabsorption pro Quadratmeter im Vergleich zum vorindustriellen Zeitalter nicht überschritten werden. Das sind die Vorgaben, an denen wir uns zu orientieren haben. Bezeichnenderweise stützen sich diese Daten nicht auf Szenarien, die in die Zukunft projiziert werden, sondern auf paläontologische Daten vor allem des Pleistozäns. Zum einen wird eine direkte Korrelation der beiden anderen wichtigen Klimagase Methan und Lachgas zum Kohlendioxid hergestellt; zum anderen wird zwar ein kurzes Überschießen der Grenzwerte für akzeptabel gehalten – aber nur unter der Bedingung, dass sie wieder entsprechend gesenkt werden.[59]

Wir können nun die Flinte ins Korn werfen, weil wir die relativ stabilen Klimabedingungen des Holozäns verlassen haben.

59 James Hansen et al.: Target Atmospheric CO_2: Where Should Humanity Aim? In: The Open Atmospheric Science Journal 2 (2008), S. 217–231, https://arxiv.org/abs/0804.1126 (Januar 2023).

Wir können uns aber auch dafür entscheiden, sichere Bedingungen herzustellen. Wir verfügen über weitgehend quantifizierbare umfassende Erkenntnisse, welche uns ziemlich exakt vorgeben können, welche Werte im globalen Schnitt einzuhalten sind. Dieses Szenario ist nochmals ehrgeiziger als das Einhalten der 1,5-°C-Grenze im Pariser Abkommen 2015. Das bedeutet aber nicht, dass eine atmosphärische Senkung des CO_2-Anteils nicht machbar wäre. Nur müssen wir umdenken: Es geht um die Frage, innerhalb welcher Frist wir wie viel atmosphärischen Kohlenstoff wieder zurückbinden müssen, um den Wert von 350 ppm rechtzeitig zu erreichen.[60] Wir werden im Kapitel ▸ *So viel Kohlendioxid ist zurückzubinden* wieder darauf zurückkommen. Doch vorerst wollen wir auf die Herausforderungen der Dekarbonisierung eingehen. Denn ohne sie geht gar nichts.

60 2008 wurde die Klimabewegung »350« in den USA gegründet, welche heute global präsent ist. Zwar begründet sie ihren Namen mit der »sicheren Konzentration von Kohlendioxid in der Atmosphäre«. Doch fokussiert sie ihre Mobilisierung gegen den weiteren Ausstoß und nicht auf die Rückbindung von CO_2, https://350.org/about/#history (Januar 2023).

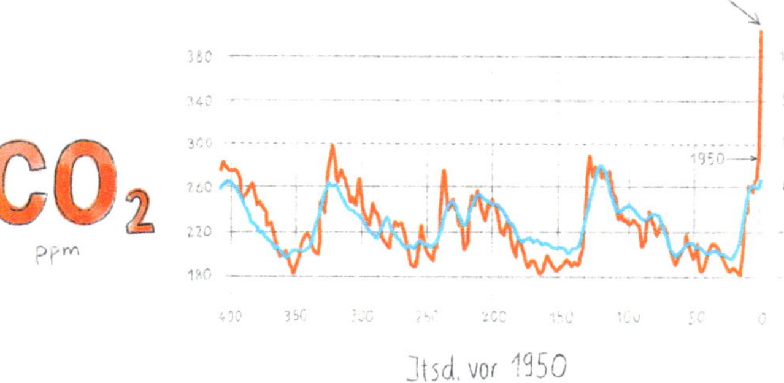

Temperatur

Grad Celsius

Strategien der Dekarbonisierung

Kohlendioxid stellt bei der Verbrennung von fossilen Energieträgern die Hauptemission. Seine schiere Menge bildet das Problem. Um den unersättlichen Bedarf an fossilen Energieträgern zu drosseln, setzt die Energiepolitik grundsätzlich auf drei Strategien: Effizienz, Substitution und Suffizienz.[61] Die Effizienz steigert man, indem man aus der Verbrennung von Kohle, Erdöl und Erdgas möglichst viel Energie gewinnt. So kann der Wirkungsgrad beispielsweise bei Kraftfahrzeugen gesteigert werden, z. B. von 25 auf 37 % bei einem Benziner oder von 35 auf 45 % bei einem Dieselmotor. Die Effizienz von Verbrennungsmotoren relativiert sich jedoch angesichts der Tatsache, dass nicht einfach die Personen mit ihren Gütern transportiert werden, sondern vor allem das Fahrzeug selbst, das schnell 10 Mal mehr wiegt als sein Inhalt. Das gilt ebenso für ein schweres Elektrofahrzeug, allerdings ist die Effizienz des Elektromotors höher. Inzwischen hat man bei der Förderung fossiler Energieträger den Peak erreicht. So braucht man für die Förderung von Schieferöl und Sandöl fast die Hälfte der geförderten Energie.[62] Dazu kommt ein riesiger irreparabler

61 Siehe zu dieser Abfolge auch Hänggi: Null Öl. Null Gas. Null Kohle. (2015), S. 121–151.

62 François E. Cellier: Zwischen Ressourcenverknappung und Versorgungssicherheit. Zur Zukunft der schweizerischen Energieversorgung. München 2015, S. 29ff. Ölsande und Ölschiefer weisen zwar deutlich geringere Erntefaktoren auf als Erdöl. Jedoch gehen die Berechnungen für Energy Return on Energy Invested (ERoEI) weit auseinander, weil sehr unterschiedliche Faktoren einbezogen werden oder eben nicht. Es ist dafür kein standardisiertes Vorgehen vorgesehen. Es gibt – neben den Berechnungen von Cellier, der vom Faktor 1:2 ausgeht – auch Studien, die den Erntefaktor für Sandöl bei 10–20 % sehen. Vgl. etwa Ke Wang et al.: Energy Return on Investment of Canadian Oil Sands Extraction from 2009 to 2015. Energies. 10. 614. 10.3390/en10050614

Wasser- und Umweltverbrauch, weil meistens fossiles Grundwasser gebraucht wird und die Landschaften völlig verwüstet werden. Die Effizienzsteigerung bei der Verbrennung führt aber zu einer Pfadabhängigkeit. Obwohl man weiß, wie fatal das weitere Verbrennen fossiler Energieträger für unser Klima ist, müssten die Kosten, welche in die Schadstoffreduktion und Effizienzsteigerung investiert worden sind, amortisiert werden. Man verbrennt also noch länger Öl, Gas und Kohle, damit sich die vorgängig getätigten Investitionen auch lohnen – aber natürlich nur so lange, wie die fossilen Energieträger noch erschwinglich sind. Sobald die externen Kosten eingerechnet würden, käme man sofort von den fossilen Energieträgern ab.

Für die effizienzsteigernde Energiepolitik wurden verschiedene **Reboundeffekte** nachgewiesen: Ein direkter Rebound besteht, wenn der Sparanreiz bei energieeffizienten Geräten oder Dienstleistungen sinkt. Schafft beispielsweise eine Senkung von Stromkosten neuen Einkommensspielraum, handelt es sich um einen indirekten Rebound, weil die Energieeinsparung (teilweise) kompensiert wird. Mit makroökonomischen Rebounds haben wir es zu tun, wenn kostensenkende Energieeffizienzmaßnahmen das Wirtschaftswachstum insgesamt ankurbeln, was den Konsum und somit auch die Energienachfrage in der Regel steigert.

Effizienz führt in den meisten Fällen zu einem Reboundeffekt. Energie, von der man für eine bestimmte Leistung weniger braucht, wird verhältnismäßig günstiger. Ich kann es mir also leisten, weiter zu fahren und zu fliegen, mehr Wohnraum zu beheizen, mehr

(2017), https://www.researchgate.net/publication/316639756_Energy_Return_on_Investment_of_Canadian_Oil_Sands_Extraction_from_2009_to_2015 (Januar 2023).

Güter zu konsumieren und wegzuwerfen. Energie wird dank der Effizienz in Bezug auf die Leistung, die man erhält, billiger.[63] Doch man bleibt beim Ausstoß von CO_2, solange fossile Energieträger nicht teurer werden oder wesentlich besteuert werden.

WO STEHEN WIR HEUTE?

Der Zwischenbericht des IPCC aus dem Jahre 2017 hält fest, dass der Abstand zwischen den nötigen Reduktionen und den nationalen Versprechen, welche in Paris 2015 gemacht worden sind, »alarmierend groß« sei. Darum lautet die zentrale Botschaft, dass kurzfristig dringend gehandelt und die langfristigen Ziele auf nationaler Ebene nochmals deutlich verbessert werden müssten, dass dafür aber auch kosteneffektive Optionen bereitstünden.[64] Die Zwischenberichte haben im Allgemeinen zum Ziel, den weiterhin steigenden Trend an Klimagasemissionen zu brechen und eine Trendumkehr noch vor 2020 zu erzielen, damit es zu einem sanfteren Ausstieg aus fossilen Energieträgern kommen kann. Erreichen wir die Verbrauchsspitze noch vor 2020, genüge das Ziel, in den drei Folgejahrzehnten den Ausstoß jeweils zu halbieren, um 2050 die Dekarbonisierung abgeschlossen zu haben. Je später aber der Peak in den nächsten Jahren erreicht wird, desto abrupter ist der CO_2-Ausstoß auf unter Null zu reduzieren. So jedenfalls lautet die Argumentation, obwohl der Bruch mit fossilen Energieträgern möglichst in unserer Gegenwart zu vollziehen ist.

63 Vgl. Robert U. Ayres, Benjamin Warr: Energy Efficiency and Economic Growth: the ›Rebound Effect‹ as a Driver. In: Horace Herring, Steve Sorrell (Hg.): Energy Efficiency and Sustainable Consumption: Energy, Climate and the Environment Series. London 2009, S. 119–135, doi.org/10.1057/9780230583108_6.

64 UNEP: Emissions Gap Report (EGR) 2017, S. xiv.

Ungefähr ein Drittel der globalen Emissionsreduktionen sind laut Emissions Gap Report (EGR) 2017 durch **nationale Beiträge** (»Nationally Determined Contributions«) zu leisten. Für **subnationale** (regionale und lokale Regierungen) und **nichtstaatliche Akteure** (die Wirtschaft) besteht entsprechend ein immenses Reduktionspotenzial. Ohne eine Trendumkehr im nichtstaatlichen Bereich sind die Klimaziele nicht einzuhalten (► *Perspektiven (jenseits) der Energiepolitik*).

Staatliche Akteure haben es bisher verpasst, tiefgreifende Konsequenzen zu ziehen. Umso mehr sind die nicht-staatlichen und subnationalen Akteure (NSA) gefragt. Dazu gehören Städte, Provinzen und Regionen, Firmen und Investoren sowie höhere Bildungseinrichtungen. Dazu zählt der Talanoa Dialogue of non-state and subnational actors, worin man die stärkste Interessensgruppe des Globalen Bunds der Bürgermeister für Klima und Energie (Global Covenant of Mayors for Climate & Energy) findet.[65] Dazu gehört beispielsweise auch die Initiative, welche die schwedische Regierung unter dem Titel Fossilfritt Sverige, Fossilfreies Schweden lanciert hat. Bei dieser Initiative fordert ein nationaler Koordinator Firmen, Gemeinden und weitere subnationale Akteure auf, ihre Klimamaßnahmen öffentlich zu machen, Erfahrungen auszutauschen und neue Akteure miteinzubeziehen. Ähnliche Initiativen, welche alle auf Freiwilligkeit beruhen, haben auch Staaten wie Argentinien oder Indien ergriffen. So wichtig diese Initiativen sind, so ernüchternd sind die Zahlen: Erst ein Bruchteil der Weltbevölkerung ist in solche Initiativen eingebunden, welche sich mehr um den technischen und politischen Dialog sowie um Bildung und Aufklärung und weniger um die Finanzierung und Konkretisierung von Maßnahmen kümmern. Im Moment handelt es sich bei diesen Initiativen im besseren Fall um Diskurse zur

65 https://www.globalcovenantofmayors.org (Januar 2023).

Sensibilisierung, im schlechteren Fall um reine Imagepflege und Greenwashing von Energiekonzernen und Industrie. Vielleicht kann dank dieser Projekte der unaufhaltsame Verbrauch fossiler Energieträger wenigstens gebremst werden. Hoffnung hingegen geben staatliche Beschlüsse, die weit ambitionierter sind als die Vorgaben von Paris: so das finnische Regierungsprogramm, welches die Dekarbonisierung bis 2035 und nicht erst bis 2050 vorgibt.[66]

KONTRAPRODUKTIVE FAKTOREN

Zwei große Problembereiche könnten aber sämtliche Anstrengungen zunichtemachen: die Steigerung von Mobilität und die Verstromung von Kohle. In beiden Fällen wird erst der konsequente Umstieg auf Elektrizität aus erneuerbaren Energieträgern wie Photovoltaik oder Windenergie den Turnaround ermöglichen. Im Fall der Mobilität geht es um den Individual-, den Schiffs- und den Flugverkehr, wobei letzterer gemäß dem Pariser Klimaabkommen in die Eigenverantwortung der Internationalen Zivilluftfahrtorganisation (ICAO) fällt. Auf freiwilliger Basis hat sie sich verpflichtet, ab 2020 den Ausstoß an CO_2 nicht weiter zu erhöhen. Dennoch wird sich mit großer Wahrscheinlichkeit von 2017 bis 2030 der Ausstoß von 0,5 auf 1,1 Gigatonnen CO_2 pro Jahr steigern, wobei sich die Klimawirkung vor allem wegen der Kondensstreifen gegenüber dem reinen Treibhauseffekt durch das ausgestoßene CO_2 im Schnitt verdreifacht. Die Wassermoleküle der über 6.000 Meter liegenden Wolken, aber auch der nicht kondensierte Wasserdampf, erhöhen den Isolationseffekt der Atmosphäre.[67] Denn Wasser bildet mengenmäßig das

66 https://valtioneuvosto.fi/en/article/-/asset_publisher/10616/sallistava-ja-osaava-suomi-sosiaalisesti-taloudellisesti-ja-ekologisesti-kestava-yhteiskunta (Januar 2023).

67 https://www.atmosfair.de/de/fliegen_und_klima/flugverkehr_und_klima/klimawirkung_flugverkehr (Januar 2023). Entsprechend wird bei Atmosfair für Flüge die dreifache zu kompensierende Menge im Vergleich zum

wichtigste Klimagas für den Treibhauseffekt unserer Erde. Da es aber normalerweise nicht direkt anthropogen ist, trägt es nur indirekt zum zusätzlichen Isolationseffekt bei. Tiefer liegende Wolken oder Nebelbänke verstärken hingegen die Albedo, also die direkte Rückstrahlung des hochfrequenten Sonnenlichts in den Weltraum, wodurch der Isolationseffekt im Unterschied zu den höher liegenden Wassermolekülen mehr als wett gemacht wird. Die Internationalen Zivilluftfahrtorganisation (ICAO) geht die Verpflichtung ein, dass von der sich steigernden Gesamtmenge des Klimagasausstoßes durch den Flugverkehr 0,3 Gigatonnen pro Jahr zu kompensieren sind. Doch die Kompensation bildet so lange ein Problem, wie sie nicht zur Reduktion des Kohlendioxidanteils in der Luft beiträgt, sondern nicht einmal den Gesamtausstoß, geschweige denn den Klimaeffekt, abdeckt.

Allein Kohlekraftwerke würden in Zukunft das ganze Kohlenstoffbudget verbrauchen, welches nach dem Pariser Klimaabkommen selbst bei einem 2-Grad-Szenario noch übrigbliebe. Obwohl die gesellschaftlichen Vorteile bei einem Kohleausstieg durch die verbesserte Luftqualität und durch das Freiwerden finanzieller Mittel für Investitionen in die lokal arbeitsintensivere Wind- und Sonnenenergie auf der Hand liegen, spricht man in den meisten Fällen von einem Lock-in, von der Schwierigkeit, diesen Energieträger definitiv zu verlassen, weil es sich um eine reife Technologie handelt und weil Kohle fast überall zu einem günstigen Preis erhältlich ist, solange externe Kosten nicht eingepreist werden. Beispielsweise verhindert die Politik in Südafrika den Ausstieg aus der Verstromung von Kohle. Zu 90 % hängt die Elektrizitätsproduktion von Kohle ab – in einem Sektor, welcher vom staatlich subventionierten Monopolisten Eskom dominiert wird. Es werden weiterhin Kohlekraftwerke gebaut, obwohl die Solarenergie aus Photovoltaik bis zur Hälfte günsti-

CO_2-Ausstoß berechnet. Vgl. dazu auch die Studie von Lisa Bock und Ulrike Burckhardt: Contrail cirrus radiative forcing for future air traffic. In: Atmospheric Chemistry and Physics 19 (2019), S. 8163–8174.

ger ist – nur weil der Staat die Rückvergütung der Investitionen in die Kohlekraftwerke während der nächsten 30 Jahre über einen erhöhten Energiepreis garantiert.[68] In dieselbe Sackgasse der Pfadabhängigkeit sind auch osteuropäische Länder, namentlich Polen, geraten.[69]

In anderen Ländern wird der Umgang mit Kohle zwar anders gehandhabt, sieht aber auch nicht gut aus: Australien kommt zwar immer mehr von Kohlekraftwerken ab, weil erneuerbare Energien Gelände gut machen. Doch bleibt das Land mit einer Förderleistung von 200 Millionen Tonnen Kohle pro Jahr Hauptexporteur. Dabei handelt es sich um das Doppelte der Fördermenge im Vergleich zum Stand vor 10 Jahren. In China, dem größten Kohleverbraucher der Welt, setzt man vor allem in wichtigen Ballungsräumen, um sie vom Smog zu entlasten, auf den Kohleausstieg. Zudem werden erneuerbare Energien stark gefördert – aber eher im Sinne einer Diversifizierung. Dazu gehört auch der Beschluss, vermehrt auf Atomkraft zu setzen. Gleichzeitig hat sich inzwischen China zu einem der wichtigsten Exporteure von Kohlekraftwerktechnologie gemausert.

Weltweit stammen rund 40 % des Stroms aus der **Kohlekraft**. Und dies, obwohl selbst moderne Kohlekraftwerke nur einen Wirkungsgrad von etwa 45 % erreichen.
Braunkohle, deren Gewinnung in Deutschland rund ein Fünftel der gesamten CO_2-Emissionen verursacht, hat eine noch geringere Energiedichte. Der IPCC-Sonderbericht von 2018 definiert den Kohleausstieg als Notwendigkeit, um die Pariser Klimaziele zu erreichen.

68 EGR 2017, S. 46.
69 EGR 2017, S. 45.

Indien setzt zwar auf erneuerbare Energieträger, ist aber in einzelnen Bundesstaaten, welche ihre Einnahmen bis zur Hälfte aus der Besteuerung der Kohleförderung generieren, vom Kohlesektor extrem abhängig. Hier wird am deutlichsten sichtbar, wie sehr im Unterschied zu anderen diversifizierteren Weltregionen die ganze Gesellschaft vom Umbau des Energiesektors abhängt. Gezielte Investitionen aus dem Ausland können an diesen Standorten eine wichtige Hebelwirkung erzielen. Dasselbe gilt für Indonesien, das inzwischen zum achtwichtigsten Kohlekonsumenten aufgestiegen ist und die nächsten Jahre eine Verdreifachung der Kohleverstromung plant, während das Land vorher Kohle vor allem in die umliegenden Länder wie China, Indien, Südkorea, Japan und die Philippinen exportiert hat. Gerade Indonesien hat aber – ähnlich wie Island – ein großes Potenzial in der Geothermie, welche sämtliche Energieträger rein ökonomisch schlägt. Wie in allen Ländern des Südens wären klare Alternativen möglich, wenn die finanziellen Anreize dafür geschaffen würden.

Während Westeuropa, die USA und China langsam (zu langsam) aus ökonomischen und ökologischen Gründen dekarbonisieren, sind Entwicklungsländer auf Transferleistungen für Investitionen in erneuerbare Energien dringend angewiesen. Damit verhindert die Weltgemeinschaft einen weiteren Anstieg des CO_2-Ausstoßes – vergleichbar mit der bereits erfolgten Zunahme in den letzten 20 Jahren mit China, dem globalen Konsumgüterhersteller, welcher die USA als Hauptemittent abgelöst hat. Man ermöglicht aber auch Energieformen, welche sozial und ökologisch nachhaltig sind. In den entwickelten Ländern hingegen steckt der größte Gefahrenherd in der Mobilität von Menschen, Gütern und digitalen Daten. In diesem Bereich sollte nicht mehr nur auf Effizienzsteigerung gesetzt werden – wie dies selbst der Zwischenbericht 2017 noch unterstreicht[70] –, sondern auf konsequente Dekarbonisierung durch Elektrifizierung aus erneuerbaren

70 EGR 2017, S. xiv.

Energieträgern, Schwerpunktlegung auf den öffentlichen Verkehr und auf Suffizienz (▸ *Sinnvolle Substitution und Suffizienz*). Solange die ersten wasserstoffbetriebenen Flugzeuge bei Airbus und Boeing nicht ausgeliefert werden, ist auf den Flugverkehr zu verzichten. Stattdessen soll der Ausbau alternativer Transportsysteme energisch vorangetrieben werden. Gleichzeitig kann in erneuerbare Energien in Entwicklungsländern und bei uns investiert werden.

DIE VERBRENNUNG VON BIOMASSE ALS ALTERNATIVE?

Bei der Substitution setzt man auf erneuerbare Energieträger wie Wasserkraft, Sonne oder Wind – im Moment auch noch auf die Verbrennung von Biomasse, die meist nicht nachhaltig und allzu sehr an eine fossil getriebene Ökonomie gebunden ist. Verbrennt man Biomasse, geht man davon aus, dass sie wieder nachwächst, im Kohlenstoffzyklus samt Photosynthese integriert ist und somit den Kohlendioxidanteil der Atmosphäre nicht erhöht. Durch die Verbrennung trägt man aber zum Kohlendioxideintrag im Allgemeinen bei. Angesichts des kurzen Zeitfensters der nächsten Jahre, in denen CO_2 massiv zurückgebunden werden muss, spielt der Zeitfaktor eine zentrale Rolle. Es stellt sich lediglich die Frage, wie *lange* es braucht, bis sich das Kohlendioxid wieder im Pflanzenmaterial befindet. Verbrenne ich beispielsweise Biogas aus dem Grünabfall meines Gartens, kann ich davon ausgehen, dass er auf meinem Kompost, wo er aerob, also mit Sauerstoff, verrottet wäre, ebenso viel CO_2 ausgestoßen hätte, das im Folgejahr auf derselben Anbaufläche über Photosynthese wieder zurückgebunden worden wäre.

Als ein wenig heikler erweist sich die Verbrennung von Holz: Stammt der Rohstoff aus einem nicht nachhaltig bewirtschafteten Wald, der z. B. so großflächig abgeholzt worden ist, dass es zur Steppenbildung und Erosion kommt, ist die CO_2-Bilanz gravierend negativ, weil nicht nur das verbrannte Holz, sondern auch das bisher im Boden gespeicherte und dann freigesetzte Kohlendioxid in die Rechnung aufgenommen werden muss. Dies gilt inzwischen zum Beispiel selbst für zertifiziertes Holz, beispielsweise aus der Ukraine.[71] Doch sogar bei der Verbrennung von Holz aus einem nachhaltig bewirtschafteten Wald ist die Zeit einzurechnen, die es braucht, bis die entsprechende Biomasse wieder nachgewachsen ist. Im besten und seltensten Fall greife ich nur auf Holz zurück, welches sowieso am Waldboden aerob verrottet wäre. Verbrenne ich aber in meinem Kamin 50jähriges Holz, so muss ich korrekterweise mit 50 Jahren rechnen, bis das Kohlendioxid wieder vollständig gebunden ist. Angesichts der erforderlichen Kohlendioxidsenkung auf 350 ppm ist die Herkunft und die Verbrennung von Biomasse, welche grundsätzlich immer eine potenzielle Kohlenstoffsenke ist, differenziert zu betrachten. Grundsätzlich ist die Verbrennung von Biogas nicht ökologischer als diejenige von Erdgas, solange das Biogas aus zweifelhaften, fossil getriebenen oder landzerstörenden Quellen stammt. Dies gilt insbesondere für den Biotreibstoff aus den Tropen. Dort steht seine Produktion in direkter Konkurrenz zu derjenigen der Lebensmittel. Zudem werden bisherige Weiden, Savannen oder sogar Wälder auf eine Weise industrialisiert und bearbeitet, bei der ein Mehrfaches an Klimagasen entsteht.

SINNVOLLE SUBSTITUTION UND SUFFIZIENZ

Die wohl sinnvollste, effizienteste und nachhaltigste Substitution ist die Photovoltaik – wie der Zwischenbericht 2017 festhält.[72] Die folgende Rechnung macht die Effizienz dieser Substitution anschaulich: Durchschnittlich fährt jedes Auto in Europa pro Jahr rund 12.000 Kilometer. Der Kraftstoffverbrauch beläuft sich auf ungefähr acht bis neun Liter Benzin auf 100 Kilometer.[73] Somit braucht jedes Auto durchschnittlich über 1.000 Liter Benzin und

71 https://docs.wixstatic.com/ugd/624187_673e3aa69ed84129bdfeb91b6aa9ec17.pdf (Januar 2023).

72 EGR 2017: Executive summary, S. xiv.

73 https://www.energie-gedanken.ch/autos-in-der-schweiz (Januar 2023). In Deutschland lag der durchschnittliche Verbrauch 2007–2017 bei 7,8 Litern.

stößt rund vier Tonnen Kohlendioxid aus. Ersetze ich das Benzin durch Biodiesel, der ein bisschen effizienter verbrannt werden kann, so brauche ich einen halben Hektar Rapsfläche, die mir etwa 750 Liter Kraftstoff einbringt.[74] Ein Elektroauto braucht maximal 30 kWh auf 100 Kilometer. Das entspricht einem Jahresverbrauch von 3.600 kWh. In Süddeutschland, in Österreich oder der Schweiz braucht man für den Jahresertrag von 1.000 kWh aus Photovoltaik rund 6,4 Quadratmeter.[75] Für das Elektroauto brauche ich also – rechne ich auch die Verluste ein – 25 Quadratmeter Photovoltaik. Für den Biodiesel benötige ich somit 200 Mal so viel Fläche wie mit Photovoltaik. Das bedeutet aber noch nicht, dass das Elektroauto die sinnvolle Alternative im Verkehr darstellt. Solange es mit fossiler Energie hergestellt wird und vor allem solange es mit Lithium-Batterien fährt, bleibt die Klima- und Umweltbilanz schlecht. Die kurzfristige Lösung bildet der Verzicht auf diese Art von Mobilität; eine langfristige Lösung zeichnet sich im Umstellen auf Brennstoffzellen ab, die mit Wasserstoff aus erneuerbaren Energiequellen betrieben werden. Dennoch würden die Herstellung der Autos und Batterien sowie die Versiegelung von Flächen für Straßen und Parkplätze, aber auch die zusätzlichen Hitzeinseln im Sommer durch die Wärmespeicherung der Asphaltflächen nach wie vor problematisch bleiben. Aus diesem Grund ist dem Verzicht und alternativen Transportsystemen klar der Vorzug zu geben.

Zusätzlich hat man sich in unseren Breitegraden bei der Photovoltaik wegen der wetterabhängigen und vor allem jahreszeitlichen Fluktuationen um das Speicherproblem zu kümmern. Eine relativ aufwändige Power-to-Gas-Strategie, durch die der Überschuss an Sonnenenergie auch über den Winter gespeichert werden kann, kann das Problem längerfristig lösen, auch wenn die Umwandlungsverluste eine höhere Stromproduktion, d. h. eine

74 https://biokraftstoffe.fnr.de/kraftstoffe/biodiesel (Januar 2023).
75 http://www.energie.ch/photovoltaik (Januar 2023).

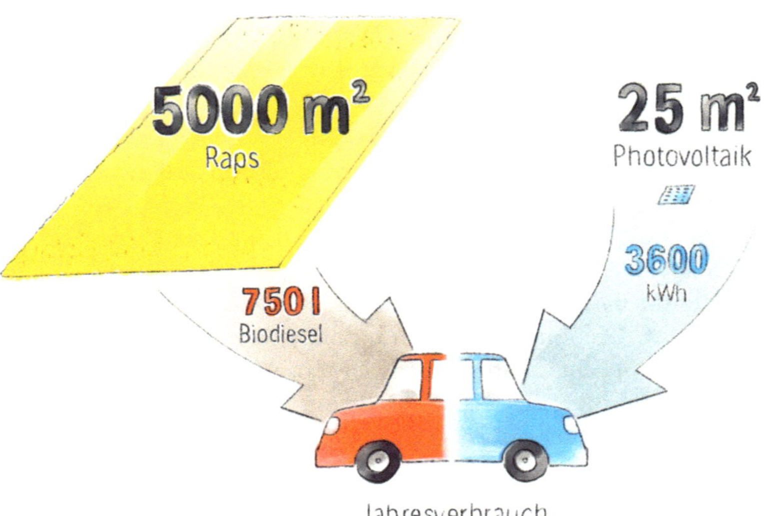
5000 m²
Raps
25 m²
Photovoltaik
750 l
Biodiesel
3600
kWh
Jahresverbrauch

verhältnismäßig große Photovoltaikfläche, erfordern. Entscheidend ist gegenwärtig, dass Photovoltaik nicht erst eine Energieform der Zukunft, sondern bereits heute in geschickter Kombination mit Wind- und Wasserkraftwerken großflächig eingesetzt wird und damit auch ökonomisch die fossilen Energieträger hinter sich lässt (▸ *Perspektiven (jenseits) der Energiepolitik*).

Die dritte Strategie der Suffizienz stellt den Energiehunger grundsätzlich zur Disposition. Ist mein Leben wirklich besser, wenn ich unbegrenzt reisen und Raum bewohnen kann? Ab welchem Punkt ist eine Steigerung nur noch quantitativ und nicht mehr qualitativ? Natürlich handelt es sich hier um eine Frage, welche auch subjektiv beantwortet werden kann – doch meist nur auf eigenen Erfahrungswerten basiert, ohne die Alternativen wirklich zu kennen. Die Modelle gibt es aber, welche die Grenzen der Qualitätssteigerung quantifizieren. So hat man bereits 1985 festgestellt, dass die durchschnittliche Lebensqualität bis zur Schwelle von 1.100 bis 1.300 Watt pro Kopf zunimmt, danach nicht mehr.[76] Darauf beruht das Modell der 2.000-Watt-Gesellschaft. So gut diese Modelle als Orientierungshilfe für die Neuausrichtung des Energieverbrauchs auch sind, so schnell veralten sie angesichts der neuen Herausforderungen. Die 2.000-Watt-Gesellschaft hat heute nur noch Sinn, wenn der Bedarf aus erneuerbaren Energieträgern gedeckt wird und bisher ausgestoßenes Kohlendioxid wieder zurückgebunden wird. Suffizienz gelingt nur mit Substitution. Hingegen ist die Kombination von allen drei Strategien, von Effizienz, Substitution und Suffizienz, nicht sinnvoll. So kann ich z. B. meine Wärmepumpe mit Erdgas betreiben. Damit erhöhe ich zwar die Effizienz massiv, indem ich die Wärme aus der Umgebungsluft nutze, und substituiere das Gas, das mir bisher nur die Wärme lieferte. Ich kann sogar meine Ansprüche herunterschrauben und mich im Sinne der Suffizienz mit der Beheizung

76 José Goldemberg et al.: Basic Needs and Much More with One Kilowatt per Capita. In: Ambio 14 (1985), S. 190–200.

eines Zimmers statt der ganzen Wohnung begnügen. Dennoch verbrenne ich fossile Energie und erhöhe damit den Kohlendioxid- und Methananteil in der Atmosphäre, anstatt ihn zu senken.

Das **Prinzip der Suffizienz** zielt, anders als Effizienz- und Konsistenzstrategien, nicht auf technische Lösungen, sondern normativ auf die Konsummuster der Menschen selbst. Der Begriff wurde in den frühen 1990er Jahren eingeführt.[77] Was zunächst als »Dritter Weg« gedacht war, wird heute als zentrale komplementäre Maßnahme verstanden, seit man weiß, dass Effizienzgewinne in der Regel durch Reboundeffekte kompensiert oder gar überkompensiert werden.

KOHLENDIOXID ALS INDIREKTER SCHADSTOFF

Bei der Verbrennung fossiler Energieträger entstehen Schadstoffe wie Kohlenstoffmonoxid, Schwefel- und Stickstoffoxide, aber auch Rußpartikel, sogenannte Aerosole. Man spricht von Schadstoffen, weil der Zusammenhang zwischen Ursache und Wirkung direkt nachvollziehbar ist. Der Smog, der durch Rußpartikel entsteht, führt direkt zu Atemwegserkrankungen bei Mensch und Tier. Offensichtlich wird dieser Zusammenhang in städtischen und industriellen Ballungsräumen vor allem in den Wintermonaten bei Inversionslagen, wenn keine Luftzirkulation die Emissionen abführt. Die Wirkung von Schadstoffen ist weitgehend bekannt. Entsprechend gibt es auf nationaler Ebene Immissionsgrenzwerte, welche auf internationalen Empfehlungen beruhen.[78] Umgekehrt kann auch nachgewiesen werden, dass

77 Allan Durning: How much is enough? The Consumer Society and the Future of the Earth. New York 1992.

78 World Health Organization, Regional Office for Europe, Copenhagen: Air quality guidelines for Europe. Kopenhagen 2000.

kurzfristig Aerosole die Klimaerwärmung dämpfen. So führte der noch nicht allzu hohe CO_2-Gehalt der Luft und der hohe Eintrag von Aerosolen auf der Nordhalbkugel in den 1960er und 1970er Jahren zu einem leichten Vordringen der Gletscher. Darum auch die Warnung vor dem Einbruch einer Kaltzeit in diesen beiden Dekaden (► *Pleistozän – Holozän – Anthropozän*). Erst mit strengeren Luftreinhalteverordnungen wurde die Klimaerwärmung nicht mehr überdeckt, konnte sich durchsetzen und führte zum Gletscherschwund.[79] Solche Untersuchungen gaben Anlass zu Geoengineerings-Fantasien, die Temperaturen beispielsweise mit Eintrag von Schwefeldioxid oder Aluminiumoxid in die Atmosphäre zu senken. Zum einen ist ein solcher Eintrag stets zeitlich beschränkt und mit der Zeit auf riesige Ressourcen angewiesen, zum anderen steht der Schaden durch die Immission dieser Stoffe in keinem Verhältnis zum Nutzen der kurzfristigen Albedo, der direkten Rückspiegelung der kurzwelligen Sonnenstrahlen ins All. Viel einfacher und nachhaltiger ist es, den atmosphärischen Kohlendioxidgehalt zu senken.

Aerosole haben nichts mit dem Treibhauseffekt zu tun, für den ausschließlich Gase verantwortlich sind. Die Rußpartikel wirken gegenläufig und erhöhen die Albedo: Eine maximale Aerosolreduzierung in der Atmosphäre würde die globale Mitteltemperatur um fast 1 °C ansteigen lassen.[80] Damit wird aber angezeigt, wie rasch rigorose, aber notwendige Klimaziele beim gegenwärtigen Stand der atmosphärischen Klimagaskonzentration überschritten werden.

79 Vgl. European Environment Agency: Regional climate change and adaptation. The Alps facing the challenge of changing water ressources. Luxemburg 2009, S. 24.

80 Silvia Kloster et al.: A GCM study of future climate response to aerosol pollution reductions. In: Climate Dynamics 34 (2010), S. 1177–1194.

Ein besonders gefährlicher Schadstoff, der bei der Verbrennung fossiler Energieträger erzeugt wird, ist Schwefeldioxid und die daraus entstehende Schwefelsäure. Obwohl die einzelnen Faktoren, welche in den 1980er Jahren zum Waldsterben geführt haben, nicht restlos geklärt werden konnten, war der saure Regen, der in erster Linie auf das Schwefeldioxid zurückzuführen ist, dafür mitverantwortlich. Dies trifft vielleicht weniger in Westeuropa zu. Doch die Ursache-Wirkung-Korrelation war bei Wäldern im Erzgebirge und in der Tschechoslowakei in der Nähe von Braunkohleverbrennung deutlich. Die drastische Reduktion des Schwefeldioxidausstoßes hat zu einer Erholung der Wälder geführt.[81] Das Waldsterben wie auch der Smog sind ein gutes Beispiel für die öffentliche Wahrnehmung und die politischen Prozesse, die zu einer Lösung des Problems führen. Weil der Weg von der Emission der Schadstoffe zu ihrer Immission auf Natur und Mensch kurz und nachvollziehbar ist, ist das Problem auf lokaler und nationaler Ebene eingrenzbar und entsprechend lösbar.

Bei der Verbrennung fossiler Energieträger entsteht aber in erster Linie Kohlendioxid. Die Schadstoffe wie Schwefeldioxid oder Kohlenmonoxid machen einen vergleichbar kleinen Teil aus. Kohlendioxid und Wasser bilden aber die beiden Hauptprodukte bei der Verbrennung fossiler Energieträger. Das Wasser ist – außer beim Flugverkehr, wo es durch Zirruswolkenbildung den Klimaeffekt deutlich verstärkt – vernachlässigbar, weil es in einen natürlichen Kreislauf gelangt. Kohlendioxid hat kaum eine direkte schädliche Wirkung auf Mensch und Umwelt. Bei

81 BMELV: Bericht über den Zustand des Waldes 2006 – Ergebnisse des forstlichen Umweltmonitorings. Berlin 2006. Zum umweltpolitischen Erfolg der Reduktion von Schwefeldioxid-Emissionen in Bezug auf das Waldsterben s. Jens Newig: Symbolische Gesetzgebung: Umweltpolitik unter gesellschaftlichen Macht- und Informationssymmetrien. Zeitschrift für Politikwissenschaft 3 (2004), S. 813–851, hier S. 832. Für einen Gesamtüberblick s. Roland Schäfer, Birgit Metzger: Was macht eigentlich das Waldsterben? In: Patrick Masius et al. (Hg.): Umweltgeschichte und Umweltzukunft: Zur gesellschaftlichen Relevanz einer jungen Disziplin. Göttingen 2009, S. 201–227.

Kohlendioxid von Schadstoff zu sprechen wäre auch nicht ganz korrekt. In nicht durchlüfteten Räumen mit vielen Menschen wie z. B. in Klassenzimmern oder an stark befahrenen Straßen bei Windstille kann sich der CO_2-Gehalt schnell einmal vervielfachen. Hier sind Grenzwerte einzuhalten, weil die Atmung bei einer erhöhten Konzentration schwieriger wird. Lange galt die aus dem Jahr 1858 stammende Pettenkofer-Zahl, die davon ausgeht, dass bis 0,1 Volumenprozent die Luftqualität noch gut sei. Das entspricht 1.000 ppm. Inzwischen wurde diese Zahl in unterschiedlichen Vorschriften (beispielsweise des deutschen Bundesgesundheitsblatts) angepasst, sodass man heute von einer guten Luftqualität unter 800 ppm und ab 1.400 ppm von einer schlechten Luftqualität spricht. Fahren wir mit den heutigen CO_2-Emissionen fort, so verlassen wir um die Mitte unseres Jahrhunderts die gute Luftqualität, und um 2100 ist die Luftqualität nicht mehr tragbar selbst in den abgelegensten Winkeln unseres Planeten – ganz abgesehen vom Klimaeffekt und der Versauerung der Weltmeere.

Der menschliche Organismus ist an eine zu hohe CO_2-Konzentration nicht gewöhnt und wird sich auch nicht daran gewöhnen können. Kurzfristig gerät der Mensch bei 15.000 ppm, d. h. bei 1,5 %, in Atemnot, ab 5 % befällt ihn Schwindel und ab 8 % ist die Konzentration tödlich. Zwar wird CO_2 in Gewächshäusern gezielt als Düngung eingesetzt. Da sich aber die Pflanzen – erdgeschichtlich betrachtet – an den hohen Sauerstoffgehalt unserer Atmosphäre gewöhnt haben, ist die CO_2-Düngung nur bis zu einem gewissen Grad möglich und bei gewissen Pflanzen beim heutigen Wert nicht mehr wachstumsfördernd.[82] Wird das CO_2 in die Atmosphäre eingetragen, bleibt es durchschnittlich 120 Jahre klimaaktiv. CO_2 schädigt also nicht direkt, sondern indirekt, in-

82 Für C_3-Pflanzen wie Weizen, Roggen oder Reis liegt der zum Wachstum optimale Anteil bei ca. 800 bis 1.000 ppm; bei den C_4-Pflanzen wie Mais, Zuckerrohr und Hirse liegt die Sättigungsgrenze allerdings bereits bei ca. 400 ppm.

dem bereits eine Erhöhung noch innerhalb der Grenzwerte einer guten Luftqualität in der Atmosphäre den Treibhauseffekt massiv verstärkt. Eine Konzentration von 700 ppm CO_2 verursacht eine Erhöhung der globalen Durchschnittstemperatur um 5 °C im Vergleich zum vorindustriellen Niveau.[83] In diesen Wert sind noch nicht einmal Rückkopplungen miteingerechnet wie das Freisetzen von Methan und Lachgas durch das Auftauen von Permafrostböden oder durch das Austrocknen von Feuchtgebieten. Auch wenn die Schwankungen des CO_2-Gehaltes in der Luft – aus geologischer Perspektive – eindrücklich sind, war die Geschwindigkeit der Wechsel im Vergleich zu heute extrem langsam: So beträgt die maximale Steigerung des CO_2-Gehalts, welcher in Eiskernbohrungen für die letzten 800.000 Jahre gemessen werden konnte, 30 ppm in 1.000 Jahren – eine Zunahme, welche innerhalb der letzten 20 Jahre erfolgt ist. Die Organismen unserer Erde müssten sich heute an eine Änderung anpassen, welche mindestens 50 Mal schneller erfolgt, als sie es im Extremfall gewohnt sind. Die biologisch-evolutionäre Anpassung ist zu langsam, die Organismen haben keine Chance.

83 IPCC: Climate Change 2014: Synthesis Report, S. 22.

Klimagas-Emission als neoimperiale Gewaltausübung

Bei der Verbrennung von fossilen Energieträgern verstärkt sich die »Tragödie der Allmende«. Sobald ein Gut im Gemeinbesitz knapp wird, erhöht sich der Druck darauf. Dies gilt ebenso für unsere Atmosphäre in ihrer einmaligen und sehr spezifischen Zusammensetzung. Sie ist ein Allgemeingut, von dem wir alle abhängig sind. Dazu kommt, dass der Klimaeffekt gegenwärtig dort am größten ist, wo fast kein CO_2 ausgestoßen wird. Die eigentlichen Problemzonen, welche am meisten von der Klimaerwärmung betroffen sind, sind Steppen, welche zu Wüsten werden, oder tropische Wälder, die versteppen, sind Uferzonen und Inseln, die im Meer versinken. Sie befinden sich meist in armen Ländern. Hier potenziert sich die Tragödie der Allmende, welche nur gelöst werden kann, wenn sich die 20% Privilegierten der Menschheit, die Verantwortlichen für die Klimaerwärmung, des Problems bewusst sind und die Lösungen voll und ganz finanzieren und bewerkstelligen. Das ist die Perspektive auf den letzten Teil dieses Buchs. Darum fragen wir zuerst:

BILDET DAS PARISER KLIMAABKOMMEN DEN NÖTIGEN BRUCH?

In der Wahrnehmung unserer Generation stellt das Pariser Klimaabkommen 2015 den Wendepunkt der internationalen Klimapolitik dar. Erstmals wird die Dekarbonisierung über einen bestimmten Zeitraum beschlossen, wobei sich einzelne Regierungen zu Reduktionszielen verpflichten. Obwohl die Dringlichkeit des Problems von allen Unterzeichnenden anerkannt wird, beruht das Vertragswerk auf Freiwilligkeit. Damit eröffnet man zwar die Möglichkeit, dass ein gegenseitiger Wettbewerb von Emissionsreduktion und -vermeidung sowie von alternativen Energieträgern einsetzt. Doch geht man auch das Risiko ein, dass man nicht mehr als alle anderen macht. Das zeigen die Diskussionen in den meisten Parlamenten im Vorlauf zur Ratifizierung des Klimaabkommens. Dazu kommt das berechtigte Argument von Entwicklungsländern, die den Anspruch auf denselben Weg wie die anderen Länder formulieren: Wenn schon die Europäer das Klimaziel um 3 °C verfehlen und in der Vergangenheit ein Mehrfaches emittiert haben, warum sollen wir Inder besser sein – hätten wir doch sowieso Anspruch auf einen weit größeren Anteil an der Allmende Atmosphäre, als uns bisher zugestanden worden ist.

Trotz Freiwilligkeit ist das Klimaabkommen nicht kleinzureden. Die Vereinbarung hat im Vorfeld zu einer nochmals engeren internationalen Koordination des wissenschaftlichen Feldes geführt, welches wichtige Datensätze und Szenarien konsolidiert und aufarbeitet. Selbst wenn jeder Satz der Berichte konsensfähig sein muss, wird gerade dank der Datenmenge und im Verweis auf einschlägige Publikationen die Dringlichkeit des Problems bewusst. Mehr als je zuvor werden die Zusammenhänge deutlich gemacht. Vor allem kristallisiert sich heraus, dass Entwicklungsländer besonders betroffen sind. Inselstaaten, welche sich in ihrer Existenz direkt bedroht sehen, pochen auf eine Begrenzung der Klimaerwärmung weit unter 2 °C.

Das Klimaabkommen ist ein wichtiges Mittel nicht nur für Akteure aus Politik, Wirtschaft und auf nationaler, sondern ebenso auf regionaler und lokaler Ebene. So unterstreicht die Vorpublikation zum Zwischenbericht 2018, wie wichtig der Einfluss nicht-staatlicher und subnationaler Akteure auf die Reduktionsziele sein könnte, vor allem wenn sie international koordiniert sind. Die Reduktion könnte sich im Bereich zwischen 15 und 23 Gigatonnen CO_2-Äquivalente pro Jahr bewegen.[84] Für das ambitionierte Ziel einer Beschränkung auf 1,5 °C Erwärmung werden

84 EGR 2018, S. 5.

erstmals Mengen festgelegt, welche angeblich noch in die Atmosphäre ausgestoßen werden dürften. Dabei ist zu berücksichtigen, dass die Konzentration in der Luft in CO_2-Äquivalenten für das Jahr 2100 dargestellt wird. Dabei werden alle Klimagase wie Methan und Lachgas, aber auch FCKW und troposphärisches Ozon, Aerosole und Veränderungen der Albedo miteinberechnet. Für das 2-Grad-Ziel darf man mit rund 500 ppm CO_2-Äquivalenten rechnen, für das 1,5-Grad-Ziel nur noch mit ungefähr 430 ppm CO_2-Äquivalenten, wie der Zwischenbericht 2018 festhält.[85] Doch hier gibt es eine Diskrepanz zum Fünften Klimasachstandbericht 2014 (AR5), in dem für das 1,5-Grad-Ziel kein CO_2-Budget von 300 Gigatonnen verbleibt, sondern dieses bei Null liegt.[86] Zum

85 Der Klimasonderbericht vom Oktober 2018 zeigt auf, wie dramatisch sich die langfristige Folgen des 1,5-°C- und des 2-°C-Szenarios unterscheiden, nicht nur in Bezug auf Durchschnittstemperaturen, Hitzeextreme, Starkniederschläge, die Wahrscheinlichkeit für Dürre und Niederschlagsdefizite, Meeresspiegelanstieg, Biodiversität und Ökosysteme, Anstiege der Ozeantemperatur sowie damit verbundene Anstiege des Säuregehalts und Abnahmen des Sauerstoffgehalts im Ozean, sondern auch für die nachhaltige Entwicklung, Armutsbeseitigung und Gleichstellungsbemühungen. Bereits bei einer Globalen Erwärmung um 1,5 °C werden jedoch Grenzen der Anpassungskapazität mancher menschlicher und natürlicher Systeme überschritten – damit verbundene Verluste sind unvermeidbar. IPCC: Special Report Global Warming Of 1,5 °C. Summary for Policy Makers 2018, https://www.ipcc.ch/site/assets/uploads/2018/10/SR15_SPM_version_stand_alone_LR.pdf (Januar 2023).

86 IPCC: Climate Change 2014. Summary for Policymakers, S. 9. Auf die Diskrepanz verweist auch der Sozialwissenschaftler und Leitautor des zukünftigen Sechsten IPCC-Sachstandberichts Oliver Geden in einem Interview mit der ZEIT: »Das 1,5-Grad-Ziel gilt nur das deshalb als noch einhaltbar, weil in den Berechnungen das verbleibende Kohlendioxidbudget überraschend erhöht wurde. Das heißt: Die Welt dürfte zusätzliche 300 Gigatonnen des Treibhausgases ausstoßen […], ohne dass die gefürchtete Temperaturgrenze überschritten würde. Nach den Zahlen des 5. IPCC-Sachstand von 2014 allerdings wäre das Budget bereits so gut wie ausgeschöpft.« Des Weiteren geht Geden davon aus, dass man bis zum Ende des Jahrhunderts der Atmosphäre wieder 1.000 Gigatonnen CO_2 entziehen müsse. https://www.zeit.de/wissen/umwelt/2018-10/klimaexperte-oliver-geden-ipcc-bericht-erderwaermung-klimawandel (Januar 2023).

einen geht aus diesen Werten hervor, dass wir ehrlicherweise über kein CO_2-Budget mehr verfügen und dass in Zukunft mit deutlichen Negativemissionen zu rechnen ist. Den Ausgangspunkt aller Szenarien bildet der bisherige Ausstoß an Klimagasen, und es wird allgemein eine Dekarbonisierung bis 2050 verlangt. Zwar geht aus den Berichten hervor, dass die Klimaeffekte bei einer 2-°C-Erwärmung gravierend sein werden und dass die entwickelten Länder zum größten Teil zur historischen CO_2-Konzentration beigetragen haben. Dennoch wird die »langsame Gewalt«, auf die wir noch genauer zurückkommen, im Pariser Klimaabkommen nicht beim Namen genannt[87] und nur gestreift, wenn z. B. die Möglichkeit geschaffen wird, dass reiche Staaten in die Dekarbonisierung armer Staaten investieren. Doch gerade dieses Vehikel kann dazu verleiten, nicht im teuren Inland, sondern im günstigeren Ausland Emissionen einzusparen und dort abzukaufen. Gerechtigkeit wird also nur am Rande und mit den falschen Nebeneffekten operationalisiert. Bei den ersten Verpflichtungen setzt man meist auf Effizienzsteigerungen, weil dadurch die Reduktion wiederum günstiger ausfällt als beim Umsteigen auf neue Technologien. Dadurch wird aber die Pfadabhängigkeit verstärkt. Und so führen kurzfristige Lösungen zu noch größeren langfristigen Problemen – obwohl uns kein CO_2-Budget mehr zusteht.

GERECHTE CO_2-BEPREISUNG

Aus den Zwischenberichten 2017 und 2018 geht deutlich hervor, wie sehr wir noch am Anfang einer möglichen Emissionsreduktion von Klimagasen stehen und wie sehr die Zeit drängt. Doch weiterhin wird wahrscheinlich aus politischen Opportunitätsgründen von einer kontinuierlichen Absenkung gesprochen, damit die Wirtschaft auf ihrem angeblich linearen Wachstums-

87 Vgl. Warmzeit. Le Monde diplomatique (2017), S. 44f.

pfad nicht gestört wird. Höchstens im Zusammenhang mit Kohlekraftwerken wird die Bepreisung des CO_2-Ausstoßes bzw. die Belohnung für jede Tonne CO_2 erwähnt, welche nach der Kohleverbrennung abgeschieden und unterirdisch gelagert wird. Doch selbst diese Strategien sind weit davon entfernt, die Reduktions- und eigentlichen Negativemissionsziele zu erreichen. Jedes Kilogramm CO_2, das ausgestoßen wird, ist zu viel. Dennoch orientieren sich im Pariser Klimaabkommen und im entsprechenden Fünften Klimasachstandbericht (AR5) – so klar das Problem auch dargestellt wird – die Lösungsansätze nicht an den entsprechenden Voraussetzungen: Erstens wird nicht deutlich genug angeführt, wer hauptsächlich für den Ausstoß an Treibhausgasen verantwortlich ist und war und entsprechend zur Verantwortung gezogen werden muss. Zweitens kommt erst in den folgenden Zwischenberichten zum Ausdruck, wie wichtig und dringend die Kohlendioxidrückbindung ist und sein wird. Diese darf aber nicht erst Jahrzehnte später einsetzen, weil die Wirkungen der Klimaerwärmung bereits jetzt nicht mehr von der Hand zu weisen sind und längerfristige Auswirkungen haben. Die Kohlendioxidrückbindung muss daher heute beginnen.

Sowohl der Fünfte Klimasachstandbericht (AR5) als auch die Zwischenberichte extrapolieren die Reduktionsziele in Verlängerung des Kyoto-Protokolls, nach dessen Ratifizierung 1997 und Inkraftsetzung 2005 sich die meisten Industriestaaten erstmals auf gemeinsame Zielwerte des Klimagasausstoßes einigten. Obwohl bei den Klimaverhandlungen verschiedene Modelle der Kohlendioxidreduktion besprochen werden und eigentlich klar ist, dass sich der Anteil jedes Landes an den vergangenen und gegenwärtigen Emissionen, aber auch an den finanziellen Möglichkeiten ausrichtet, wird das globale Klimaziel bestenfalls 1:1 auf das eigene Land heruntergebrochen. Anstatt Verantwortung für die CO_2-Entfernung aus der Luft zu übernehmen, spricht man von der Ausstoßreduktion bis 2050. Folgt man beispielsweise dem Konsumprinzip, so emittiert etwa Deutschland heute rund

18 t
9 t
4,5 t
2030
2040
2050
Total Deutschland
230 t

Total globaler Durchschnitt
70 t

CO2 Emissionen
pro und Jahr bis 2050

18 Tonnen CO_2e pro Person und Jahr.[88] In seiner egoistischen Logik müsste das Land bis 2030 somit den Ausstoß pro Person auf neun und dann bis 2040 nochmals auf 4,5 Tonnen reduzieren, um bis 2050 möglichst darauf zu verzichten. Insgesamt könnte damit pro Deutscher oder Deutschem bis 2050 noch insgesamt 230 Tonnen Kohlendioxidäquivalente ausgestoßen werden.

Diese 230 Tonnen CO_2e stehen in einem Missverhältnis zu den rund 70 Tonnen, welche im globalen Durchschnitt pro Person noch bis 2050 ausgestoßen werden dürften, geschweige zur Mehrheit der Weltbevölkerung, die sich weit unter dem Durchschnitt bewegt. Gibt es einen vernünftigen Grund, warum den bisherigen Profiteuren von fossilen Energieträgern und den Hauptverantwortlichen der Klimaerwärmung nochmals ein Vielfaches an Ausstoß zustehen sollte im Vergleich zu denjenigen, die in einem Entwicklungsland leben? Den Wert von 70 Tonnen CO_2e erreicht man (nicht nur in Mitteleuropa) relativ schnell. Es genügt, dass wir unseren Durchschnittskonsum an fossilen Energieträgern die nächsten drei Jahre hindurch fortsetzen. Verantwortlich konsumieren würde bedeuten, diese 70 Tonnen, welche die meisten Privilegierten dieser Welt in den nächsten fünf Jahren bereits emittiert haben werden, als ernst zu nehmende Zielgröße zu verstehen. Schließlich haben gerade die Länder, welche am meisten von der Verbrennung fossiler Energieträger profitiert haben, die Mittel dazu, die notwendige ökonomische Disruption jetzt zu vollziehen, d. h. die vollständige Substitution der globalen 51.000 Terawattstunden fossiler Energieträger. Die restlichen 9.000 Terawattstunden stammen aus erneuerbaren oder atomaren Energiequellen (▸ *Der Hunger nach fossiler Energie*). Insbesondere im Bereich der Mobilität ist die Verbrennung fossiler Energieträger ineffizient, weil bei kleinen Motoren Wärme schlecht in kinetische Energie umgewandelt wird. Um ein Vielfaches effizienter ist der

88 Steininger et al.: Multiple carbon accounting to support just and effective climate policies. In: Nature Climate Change (2015), doi:10.1038/nclimate2867.

elektrische Antrieb z. B. von Wärmepumpen, Zügen und kleinräumiger Mobilität. Deshalb benötigt man die 51.000 Terawattstunden wahrscheinlich nicht mehr im vollen Umfang. Doch lassen wir es bei dieser Rechnung bewenden, denn schließlich braucht man für Anpassungsmaßnahmen an die Klimaerwärmung und für Speichermöglichkeiten noch zusätzliche Energie.

PERSPEKTIVEN (JENSEITS) DER ENERGIEPOLITIK

Gegenwärtig erzeugt ein Quadratmeter Photovoltaikfläche – konservativ gesprochen – rund 100 Kilowattstunden pro Jahr in den mittleren Breitengraden. Ohne irgendwelche Effizienzsteigerungen könnte man die global benötigten 51.000 Terawattstunden mit einer Fläche von 510.000 Quadratkilometern Solarpanels decken. Das entspricht der Größe Spaniens. Global gesehen befinden wir uns auf dem Weg des durchaus Machbaren, dem die Effizienzsteigerung aufseiten des Verbrauchs wie der Produktion noch zusätzlichen Schub verliehen hat.

Der Preis für Solarstrom ist innerhalb von zehn Jahren um 80 % gesunken. Die Internationale Energieagentur IEA zeigt, dass Photovoltaikanlagen neun bis zehn Mal mehr Energie produzieren als ihre Herstellung erfordert. Nach zwei bis maximal vier Betriebsjahren ist der Energieaufwand zur Produktion eines Solarpanels kompensiert. Es fällt dies umso mehr ins Gewicht, wenn man heute mit der Glas-Glas-Technologie durchaus mit einer Betriebsdauer von 50 Jahren rechnen kann. Inzwischen gibt es einige Publikationen, welche aufzeigen, wie zumindest auf nationalem Niveau der Gesamtenergieverbrauch mit den erneuerbaren Energieträgern wie Sonne, Wind und Wasser vollständig dekarbonisiert werden kann. Dank des so genannten *Shavings* der Spitzenzeiten der Überproduktion kann die Kapazität auf eine Weise erhöht werden, dass insbesondere die Wintermonate in einer geschickten Kombination der Energieträger überbrückt werden können. Dieses Szenario lässt sich gut auf andere europäische Länder übertragen.[89]

In jedem Fall hat die ökonomische Wende bereits vor Jahren eingesetzt, als Energie aus Photovoltaik günstiger geworden ist als Energie aus fossilen Energieträgern – sogar ohne Einpreisung externalisierter durch die Globale Erwärmung hervorgebrachter Kosten.

Mit dem konsequenten Umstieg auf direkte Sonnenenergie wird ein neuer Pfad beschritten, der die alte Abhängigkeit von fossilen Energieträgern durchbricht. Auch wenn der Erhalt der Lebensgrundlage höher zu veranschlagen ist, gibt es gewichtige ökonomische Gründe, nicht nur auf nationale und regionale Player zu setzen, sondern auch auf ein weiteres internationales Abkommen, welches für alle verpflichtend ist und Gerechtigkeit operationalisiert. Dieses Abkommen könnte nicht mehr auf die Konsumenten, sondern ebenso auf die Produzenten fossiler Energieträger abzielen. Eine globale Besteuerung der Förderung hätte voraussichtlich einen größeren Effekt als manch weitere Klimakonferenz. Das Ziel wäre natürlich ein möglichst schneller Umbau der Energiegewinnung und -nutzung. Angesichts solcher Perspektiven ist der Ist-Zustand zu beurteilen und zu fragen, wo das Pariser Klimaabkommen trotz seiner schwachen Verbindlichkeit ein Umdenken zeitigt. Die ökonomische Vernunft bietet dem politischen Konservatismus in Energiefragen erfolgreich die Stirn. So reduzierte sich die Energiegewinnung aus Kohle selbst unter dem gegenwärtigen Präsidenten der USA, der die USA aus dem Klimaabkommen herausführte.[90] Zudem beweisen Staaten

89 Vgl. insbesondere Roger Nordmann: Sonne für den Klimaschutz. Ein Solarplan für die Schweiz. Basel 2019.

90 Christine Shearer et al.: Boom and Bust 2018. Tracking The Global Coal Plant Pipeline. CoalSwarm, Greenpeace, Sierra Club: März 2018, https://www.greenpeace.de/sites/www.greenpeace.de/files/publications/boomandbust_2018_coalreport.pdf (Januar 2023).

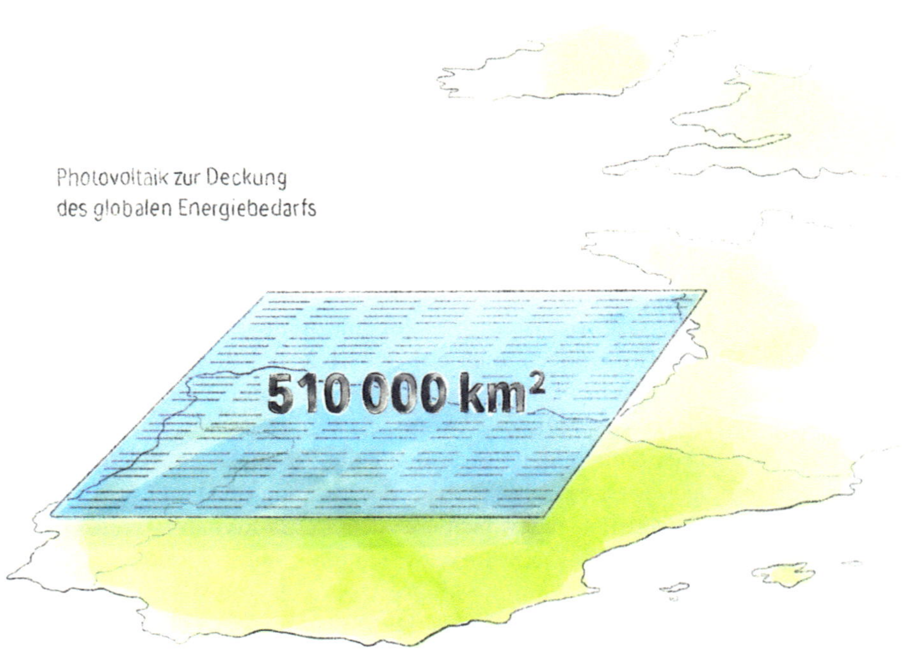
Photovoltaik zur Deckung
des globalen Energiebedarfs
510 000 km²

wie Kalifornien und Städte wie New York, dass sie bereit sind, heute das Klimaabkommen umsetzen zu wollen. Ein neues Gesetz Chinas, den Anteil an Elektromobilen sukzessive anzuheben, weckt wiederum leise Hoffnungen. Der Energiesektor lässt sich relativ rasch dekarbonisieren, sofern die Politik auch richtig einlenkt. Dennoch ist zusätzliches CO_2 zurückzubinden. Und dafür sind wir verantwortlich.

GLOBALE UNGLEICHHEITEN

Entscheidend für die Rückbindung von CO_2 ist die globale Verteilung des Konsums fossiler Energieträger. Dafür muss das Territorialprinzip überwunden werden. Es geht also nicht einfach darum aufzuzeigen, wie viel in einem bestimmten Staat emittiert wird. Im Fall der Schweiz handelt es sich um 52 Megatonnen bzw. 0,14 % des globalen Ausstoßes. Pro Kopf wären das – laut UNO-Angaben – rund 7,3 Tonnen.[91] Das Bundesamt für Umwelt (BAFU) spricht von 4,7 Tonnen CO_2 bzw. 5,8 Tonnen Treibhausgas (in CO_2-Äquivalenten), wobei der internationale Flug- und Schiffsverkehr noch nicht eingerechnet worden ist.[92] So ist die Schweiz ein Musterbeispiel dafür, dass der Kohlendioxidausstoß nicht an der Grenze Halt macht. Um die Verantwortung richtig in die CO_2-Bilanz aufzunehmen, ist wiederum das Konsumprinzip anzuwenden. Weil die Produktion der Konsumgüter für die Schweiz weitgehend im Ausland stattfindet, verdreifacht sich der Wert auf 23 Tonnen CO_2 pro Kopf. Auch China bewegt sich über dem Durchschnitt mit einem Emissionswert von 9,5 Tonnen pro Kopf, wobei über eine Tonne davon als Konsumgut exportiert wird. Deutschland trägt trotz Kohlekraftwerken ein Fünftel weniger CO_2 pro Kopf in die Atmosphäre ein. Gegenwärtig beläuft

91 http://mdgs.un.org/unsd/mdg/SeriesDetail.aspx?srid=751&crid= (Januar 2023).

92 https://www.bafu.admin.ch/bafu/de/home/themen/klima/inkuerze.html#-1439031040 (Januar 2023).

CO_2- Emissionen
pro Person und Jahr

18,3 t

Deutschland

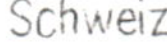

sich der Wert dennoch auf über 18 Tonnen (s. auch oben ▸ *Gerechte CO_2-Bepreisung*).[93] Doch auch dieser liegt fast vier Mal über dem Durchschnitt. Auf der anderen Seite der Skala trifft man auf Länder wie Guinea, Uganda, Burkina Faso, Madagaskar oder Äthiopien, welche nur 100 Kilogramm CO_2 pro Kopf und Jahr ausstoßen. Der Pro-Kopf-Konsum fossiler Energieträger liegt in diesen Ländern also 200 Mal tiefer. Es gibt sogar Länder wie Bhutan, welche mehr CO_2 zurückbinden als emittieren.

Die Einkommensunterschiede in den einzelnen Ländern tragen wesentlich dazu bei, dass innerhalb eines Staates je nach Einkommen der CO_2-Ausstoß nochmals variiert. Je mehr eine Person verdient, desto größer ist ihr Verbrauch fossiler Energieträger. Diese Korrelation ist in den ökonomisch privilegierten Ländern allerdings nicht linear und stark vom individuellen Arbeits- und Freizeitverhalten abhängig. In den sogenannten Entwicklungs- bzw. Schwellenländern ist eine große Differenz zwischen Oberschicht und dem Rest der Bevölkerung festzustellen.[94] Es scheint, dass die Teilhabe an globalisierten Warenströmen in Absetzung von einer Subsistenzwirtschaft den ersten Unterschied ausmacht. Die eigentliche Diskrepanz ergibt sich aus der finanziellen Möglichkeit, sich einen Flug leisten zu können. Noch liegt der Anteil des Luftverkehrs am Klimagasausstoß im einstelligen Prozentbereich.[95] Doch gerade dieser hat das größte Potenzial zu einem weiteren

93 Karl W. Steininger et al.: Multiple carbon accounting to support just and effective climate policies. In: Nature Climate Change (2015), doi:10.1038/nclimate2867.

94 Oxfam: Extreme Carbon Inequality. Why the Paris climate deal must put the poorest, lowest emitting and most vulnerable people first. Oxfam Media Briefing, 2. Dezember 2015, https://d1tn3vj7xz9fdh.cloudfront.net/s3fs-public/file_attachments/mb-extreme-carbon-inequality-021215-en.pdf (Januar 2023). S. auch Robert E. McCormick: The Relation Between Net Carbon Emissions and Income. In: Terry Lee Anderson (Hg.): You Have to Admit It's Getting Better. From Economic Prosperity to Environmental Quality. Stanford 2004, S. 173–202.

95 »International aviation emissions are expected to grow from 0.5 GtCO e in 2017 to around 1.1 GtCO e in 2030.« Dies entspricht rund 5 %. EGR 2016,

ungehemmten Wachstum – falls nicht regulatorische Maßnahmen ergriffen werden –, hat doch beispielsweise der CO_2-Ausstoß der Schweizer und Schweizerinnen fürs Fliegen von 2005 bis 2016 um den Faktor 2,6 zugenommen. Die Teilhabe am Flugverkehr ist einerseits Indikator dafür, dass man zur privilegierten Minderheit gehört, welche die Klimaerwärmung weit überdurchschnittlich verursacht. Andererseits birgt der Flugverkehr gegenwärtig das größte Gefahrenpotenzial eines weiteren unkontrollierten Ausstoßes von Klimagasen, der drei Mal stärker auf das Klima wirkt als bei einer Verbrennung des Erdöls am Boden, weil der Wassereintrag in die Stratosphäre extrem isolierend wirkt und das CO_2 länger braucht, bis es schlussendlich wieder zurückgebunden sein wird.[96]

Nur 3 % der Weltbevölkerung sind im Jahr 2017 geflogen; insgesamt sind es ca. 18 %, die überhaupt ein Flugzeug benutzt haben. Doch es werden immer mehr. Aktuelle Studien zeigen, dass der Tourismus stärker wächst als die meisten anderen Wirtschaftssektoren: Zwischen 2009 und 2013 wuchs der Fußabdruck der gesamten Tourismusbranche (inklusive Transport, Shopping und Essen) von 3,9 auf 4,5 Gigatonnen CO_2e. Das entspricht ca. 8 % der globalen Treibhausgasemissionen. Umso drastischer die Diskrepanz zwischen Arm und Reich: Wenn eine einzige Person von Europa in die Karibik und zurück fliegt, stößt sie so viel CO_2 aus wie 80 durchschnittliche Einwohner Tansanias in einem Jahr: nämlich 4 Tonnen.[97]

S. xviii. Der Klimasachstandbericht 2007 geht noch von ca. 3 % aus. IPCC: Climate Change 2007: IPCC Fourth Assessment Report: Working Group III Report Mitigation of Climate Change, S. 334.

96 Volker Grewe et al.: Mitigating the Climate Impact from Aviation: Achievements and Results of the DLR WeCare Project. In: Aerospace 4 (3) (2017), S. 1–50, doi:10.3390/aerospace4030034.

97 Germanwatch: Fakten, die Sie nicht überfliegen sollten, S. 5. https://germanwatch.org/sites/germanwatch.org/files/publication/8053.pdf (Januar 2023).

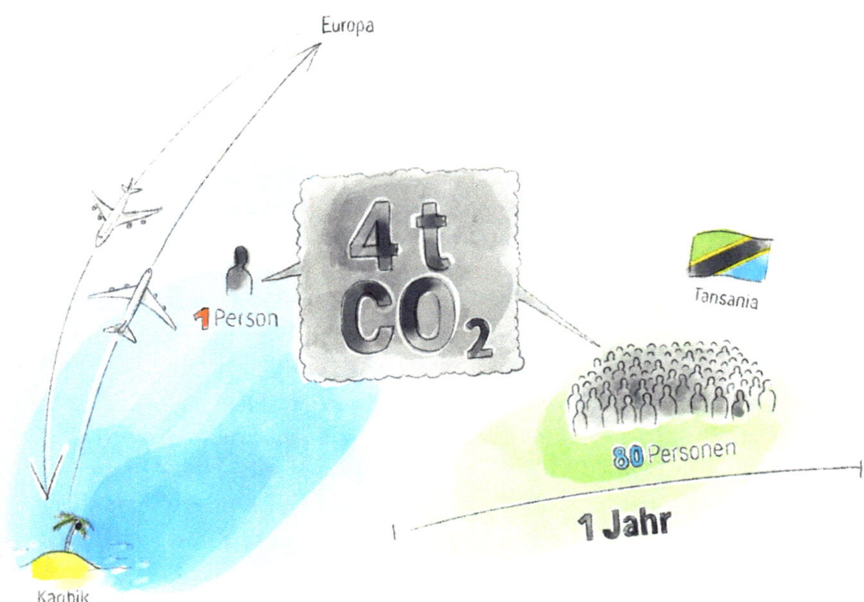
Europa
1 Person
4 t
CO_2
Tansania
80 Personen
1 Jahr
Karibik

WEITERE WICHTIGE FAKTOREN FÜR DEN KLIMAGASAUSSTOSS

Der alleinige Fokus auf das Fliegen genügt nicht. Der Flugverkehr ist zwar symptomatisch für die Leichtfertigkeit, mit der wir die Globale Erwärmung beschleunigen, er bildet aber lediglich die Spitze des Eisbergs weiterer Konsumleistungen, die extrem CO_2-intensiv sind. Dazu zählt der Schiffsverkehr im Allgemeinen, welcher rund 3 % der weltweiten Klimagase ausstößt. Zusätzlich belastend wirkt sich das Verbrennen von Schweröl aus, wodurch 15 % der weltweiten Stickoxide und 13 % der Schwefeloxide freigesetzt werden. Aufgrund dieser Werte wird die Schifffahrt gegen die Luftfahrt oder den Straßenverkehr oftmals ausgespielt. Es handelt sich bei den Schadstoffen nicht um Klimagase. Doch ihre toxische Wirkung ist vor allem für Menschen in hafennahen Ballungsräumen besonders ausgeprägt. Dies gilt nicht nur für Transport-, sondern ebenso für modernste Kreuzfahrtschiffe, welche bis zu 150 Tonnen Schweröl pro Tag verbrennen. Erst 2020 wurde der Grenzwert für den Schwefelanteil von 3,5 auf 0,5 % reduziert. Dies verspricht eine Entlastung der direkten Schadstoffemissionen. Eine wirkungsvolle Reduktion des CO_2-Ausstoßes in diesem Bereich bleibt aber vorerst Zukunftsmusik. Dazu gehört die Elektrifizierung, welche aber noch einige Zeit in den Kinderschuhen stecken und vor allem noch nicht lange Strecken erlauben wird.

Die Nahrungsmittelproduktion als größte Klimagasquelle wird oft ganz einfach unterschätzt, weil bei ihr im Unterschied zur direkten Verbrennung fossiler Energieträger im Verkehr, für die Verstromung und die Beheizung die Klimabelastung nicht so direkt erfass- und nachvollziehbar ist. Für unsere Ernährung kumulieren sich die unterschiedlichen Faktoren, welche die Klimaerwärmung zusätzlich antreiben. Dazu gehört der Ausstoß des klimawirksamen Methan bei Wiederkäuern (insbesondere von Rindern) ebenso wie das Freisetzen von CO_2 für die Urbarmachung von neuen Landwirtschaftsflächen oder bei der intensiven Bewirtschaftung von Ackerböden, aber auch der Transport, der Handel und die Lagerung der Lebensmittel. Bereits seit Jahren können wir auf breit angelegte Vergleichsstudien zurückgreifen, welche die

Klimawirksamkeit der Lebensmittelproduktion akribisch genau nachvollziehen und entsprechend genaue Daten liefern.[98] Regional und vor allem im Freien produziertes Obst und Gemüse hat am wenigsten Auswirkungen auf die Klimabilanz. Wir können hier meist mit unter 200 g CO_2e pro Kilogramm rechnen. Bei Backwaren steigert sich der Wert um den Faktor drei bis vier.

Diese vergleichsweise gute Klimabilanz kommt beträchtlich unter Druck, sobald wir Produkte tierischen Ursprungs miteinander vergleichen. Noch schlagen sich einzelne Milchprodukte wie Joghurt gut. Doch Käse, insbesondere Hartkäse, und Butter weisen eine mit Fleisch durchwegs vergleichbare Klimabilanz auf: So entsteht pro Kilo Geflügel rund 3,5 Kilogramm CO_2e. Wir haben mit dem »besten« Fleisch den Klimabilanzwert von Gemüse und Obst um den Faktor 20 übertroffen. Dieser Wert erhöht sich für Schweinefleisch nochmals deutlich auf 4,3 Kilogramm CO_2e und erreicht seine Spitze mit durchschnittlich 15 Kilogramm CO_2e beim Rindfleisch. Nicht nur ist dieser Wert stark vom besagten Methanausstoß abhängig, sondern kann auch beträchtlich variieren – je nachdem, wie man das Alter und die Haltung einrechnet. Doch unabhängig davon, geht aus diesen Zahlen deutlich hervor, dass die tierische Ernährung unseren Klima-Fußabdruck deutlich vergrößert. Ganz abgesehen vom ethischen Aspekt. In der EU geht ein Drittel des Klimagasausstoßes auf das Konto der Ernährung. Entsprechend groß ist der Hebel, den man hier individuell mit einer Ernährung, welche nicht oder sehr reduziert auf tierische Produkte zurückgreift, ansetzen kann.

Ebenso vergessen geht oftmals der Bausektor. Nicht nur werden meist toxische Stoffe verbaut, welche nach dem Rückbau immer noch zu selten wiederverwendet werden. Gleichzeitig trägt die Zementproduktion alleine 8 % zu den globalen Treibhausgas-

98 Dazu ist insbesondere die vergleichsweise frühe Metadatenstudie aus dem Jahre 2006 von Arnold Tukker und Bart Jansen zu nennen: Environmental Impacts of Products: A Detailed Review of Studies. In: Journal of Industrial Ecology 10 (3), S. 159–182.

emissionen bei. Dafür verantwortlich ist erstens das Brennen von Kalkstein, d.h. von Calciumkarbonat ($CaCO_3$) zu Calciumoxid (CaO). Dadurch wird pro Molekül Baustoff ein CO_2-Molekül freigesetzt. Zweitens ist die zusätzliche Erhitzung auf 1450 °C für die Herstellung von Zementklinker extrem intensiv an Energie, welche bis heute meist durch fossile Brennstoffe erbracht wird. Die Verbrennung von Abfall oder recycliertem Frittieröl wie in der Schweiz, um der CO_2-Abgabe zu entgehen, ist noch keine Lösung. Die Effizienz konnte in den letzten Jahrzehnten zwar merklich gesteigert werden, konnte jedoch die gesteigerte Bautätigkeit weltweit nicht kompensieren. Ebensowenig taugen bis heute Verfahren der Kohlendioxidabscheidung, weil bis heute unklar bleibt, wo und wie die riesigen Mengen sicher gelagert werden. Darum hat gerade die Bauwirtschaft auf alternative Stoffe zurückzugreifen, auf Holz, Pflanzenfasern, Kalk etc. Hier weist die Branche ein Potential auf, dass sie sogar mehr Kohlenstoffe in ihren Materialien zurückbindet als ausstößt. Und darin liegt – vergleichbar mit der Landwirtschaft – ihre Zukunft (▸ *Die unscheinbare Agrarrevolution*).

Last but not least ist an dieser Stelle der stark wachsende Sektor digitaler Technologien zu erwähnen, der inzwischen mehr als 4% der Klimagase emittiert. Tendenz steigend. Man rechnet bis 2025 mit einem Anteil von 8%. Der globale Datenverkehr besteht zu vier Fünfteln aus Video-Daten meist von Streaming-Plattformen. Wie der französische Thinktank The Shift Project für eine karbonfreie Wirtschaft darlegt, sind diese Plattformen nicht nur darauf angelegt, den Konsum möglichst zu steigern. Gleichzeitig lässt die Transparenz zu wünschen übrig, so dass man nicht weiß, wie sehr insbesondere Serverfarmen auf erneuerbare Energieträger zurückgreifen könnten. Hier besteht noch ein großer Aufklärungsbedarf und ein ebenso großes Potential seitens der Dienstleister, wobei gerade hier eine klare Bepreisung des CO_2-Ausstoßes relativ schnell Wirkung zeitigen würde.[99] Dasselbe gilt für das Mining

99 Climate Crisis: The Unsustainable Use of Online Video. The practical case study of online video: https://theshiftproject.org (Januar 2023).

von Kryptowährungen wie Bitcoin oder Litecoin, welche fast ein Prozent des weltweiten Stromes brauchen. Im Moment stößt das Mining von Bitcoin mehr CO_2 aus, als der Gegenwert in Gold verursachen würde.

Videostreaming, Zementproduktion, Nahrungsmittel, Schifffahrt, Mobilität, Gebäudeklimatisierung: Sie alle tragen zur Klimaerwärmung wesentlich bei. Sie zeigen uns auch auf, wie viele Faktoren berücksichtigt werden müssen und wie sehr unsere Lebensgewohnheiten mit dem Klimagasausstoß aufs Engste verflochten sind. Es ist nicht zielführend, den einen Sektor gegen den anderen auszuspielen im Sinne von: »Da ich ja Veganerin bin, darf ich fliegen«, oder: »Lieber Fleisch als Flixnet«. Fast beängstigend ist manchmal die Ignoranz, mit der entscheidungstragende Verantwortliche argumentieren. Nehmen wir als Beispiel den Wissenschaftsbetrieb. Dort sei der Klimagas-Haupttreiber die Gebäudetechnik. Stimmt nicht: Es ist die überdurchschnittliche Mobilität des wissenschaftlichen Personals.[100] Auch Bahnreisen, nicht nur Flüge seien klimaschädigend. Stimmt fast nicht: Je nach Land stammt die Energie für Züge beinahe vollständig aus Energieträgern, welche wie die Wasserkraft oder Photovoltaik sehr emissionsarm ist.[101] Teilweise stammt sie noch aus fossilen Energieträgern. Doch braucht eine Zugfahrt pro Person nur einen Bruchteil der Gesamtenergie eines entsprechenden Fluges. Zudem liegt die Möglichkeit in Griffweite, die Bahn bereits heute voll-

100 Gut ein Drittel des Klimagasausstoßes beispielsweise an der Ecole polytechnique fédérale de Lausanne (EPFL) mit einer im Vergleich zu den Sozial- und Geisteswissenschaften aufwändigen Infrastruktur entfällt auf das Pendeln zwischen Wohn- und Arbeitsort, ein weiteres Drittel auf Geschäftsreisen, wobei über 90 % Flüge ausmachen. Der ökologische Fußabdruck der Forschung. In: Schweizerischer Nationalfonds – Akademien Schweiz. Horizonte 120 (2019), S. 25–28, hier S. 27. https://www.horizonte-magazin.ch/2019/03/07/wissenschaft-muss-den-eigenen-co2-ausstoss-drosseln (Januar 2023).

101 Der Anteil an erneuerbaren Energieträgern bei der Deutschen Bahn liegt gegenwärtig bei rund 60 %, derjenige bei der Schweizerischen Bundesbahn bei über 90 %.

ständig zu dekarbonisieren, was in der Fliegerei überhaupt nicht zutrifft. Solche Phantomdiskussionen lenken im Endeffekt von zwei Sachveralten ab: Erstens sind alle Sektoren zu dekarbonisieren (oder genauer: von Klimagasen zu befreien – denken wir nur an die Viehzucht); zweitens ist gerade unser durch fossile Energieträger befeuerte Konsum nur deshalb noch möglich, weil er auf Kosten der Mehrheit der Weltbevölkerung geht. Was wir damit ausüben, nennt sich »langsame Gewalt«.

SLOW VIOLENCE: OPFER, ZUSCHAUER, TÄTER

Die Diskrepanz zwischen dem ökologischen Fußabdruck von jemandem, der sich beispielsweise Flugreisen leisten kann, und dem kaum messbaren eines Kleinbauern in Bangladesch oder eines Nomaden in Darfur ist immens. Die durch eine globale Minderheit verursachte Klimaerwärmung entzieht einer globalen Mehrheit, dem Kleinbauern und dem Nomaden, die Existenz. Nur ein Bruchteil der Weltbevölkerung ist somit von fossilen Energieträgern wirklich abhängig. Zynisch mit Pareto gesprochen, erreiche ich mit dem Aufwand von 20 % 80 % des Ergebnisses: 20 % der Weltbevölkerung (Aufwand) verbrauchen 80 % der fossilen Energie (Ergebnis). Genauer: Rechnet man mit den 2015 im Vorfeld zum Pariser Klimaabkommen publizierten Oxfam-Zahlen, so verursachen 10 % der Weltbevölkerung die Hälfte und die nächsten 10 % nochmals mehr als einen Viertel aller Emissionen. Die restlichen 80 % der Weltbevölkerung stoßen noch lediglich einen Fünftel des Kohlendioxids aus.

Die ungleiche Verteilung hängt zudem stark von Einkommensunterschieden ab: Die ärmere Hälfte der Weltbevölkerung ist nur für ein Zehntel des globalen Ausstoßes verantwortlich. Der durchschnittliche Fußabdruck des reichsten Prozents dieser Welt ist 175 Mal größer als derjenige der ärmsten 10 %.[102] Entscheidend

102 Oxfam: Extrem Carbon Inequality (2015). Die Studie hält zudem fest, dass sich die wirklichen Nutznießer dieser ungleichen Verteilung auf eine kleine

50%
30%
20%
CO_2
Emissionen
Weltbevölkerung
10%
10%
80%

ist, dass wir die Verantwortung für die Gesamtheit übernehmen, die Profiteure benennen und festhalten, dass der Hunger der globalen Oberschicht nach fossilen Energieträgern in keiner Weise erstrebenswert ist. Das schließt aber den Anspruch auf ein gesichertes menschliches Leben in Würde mit Zugang zu sauberem Wasser, zu Nahrung, medizinischer Versorgung und Bildung nicht aus.[103] Obwohl das globale Bevölkerungswachstum nicht primär für die Klimaerwärmung verantwortlich gemacht werden kann, wird die Gewährleistung der Befriedigung der Grundbedürfnisse die Weltbevölkerung stabilisieren.

Angesichts des extremen Unterschieds zwischen der kleinen Minderheit, welche für die Klimaerwärmung verantwortlich ist, und der großen Mehrheit, welche keine Schuld daran trägt, potenziert sich die Allmendetragödie. Der Literaturwissenschaftler Rob Nixon, welcher unter anderem Zeugnisse aus Weltgegenden untersucht, die besonders unter der Klimaerwärmung leiden, spricht von »langsamer Gewalt« (*slow violence*). Diese Gewalt ist doppelt perfide: Zum einen trifft sie den Verursacher, der noch nicht haftbar gemacht werden kann, momentan kaum, sondern nur denjenigen, der kaum etwas oder nichts damit zu tun hat. Die Schuldigen an der Klimaerwärmung können es sich sogar leisten,

Elite beschränken, und verweist auf die Milliardäre, welche ihre Interessen hauptsächlich in der Förderung und Verarbeitung fossiler Energieträger haben. So hat ihre Zahl zwischen 2010 und 2015 von 54 auf 88 und ihr Vermögen über 50 % von 200 auf über 300 Milliarden US-Dollar zugenommen.

103 Die Millennium Development Goals (MDG) der Vereinten Nationen vom September 2000 beinhalten acht internationale Entwicklungsziele für das Jahr 2015: den Anteil der Weltbevölkerung, der unter extremer Armut und Hunger leidet, zu halbieren, allen Kindern eine Grundschulausbildung zu ermöglichen, die Gleichstellung der Geschlechter zu fördern und die Rechte von Frauen zu stärken, die Kindersterblichkeit zu verringern, die Gesundheit der Mütter zu verbessern, übertragbare Krankheiten zu bekämpfen, den Schutz der Umwelt zu verbessern sowie eine weltweite Entwicklungspartnerschaft aufzubauen. S. dazu auch Kapitel 5 im Klimasonderbericht 2018 zu den Auswirkungen der 1,5- und 2-°C-Szenarien auf Armut, Hunger, Gesundheit, sanitäre Versorgung und Urbanisierung.

Vorkehrungen zu treffen, um die Folgen der völlig neuen klimatischen Bedingungen gegenwärtig noch zu mindern und somit in Schach zu halten. Zumindest in Utopien wissen sie sich in den Untergrund, in die Höhe des Gebirges oder ganz von der Erde zurückzuziehen.[104] Lediglich bei der Umsetzung dieser Fantasien hapert es noch. Zum anderen trifft es gegenwärtig vor allem tropische und subtropische Regionen, welche vor noch nicht allzu langer Zeit bereits unter der imperialen Ungerechtigkeit der europäischen Kolonisatoren zu leiden hatten.

»Langsame Gewalt« erfolgt fast unmerklich und unsichtbar; es handelt sich um eine Gewalt, welche sich über Zeit und Raum ausbreitet. Der direkte Zusammenhang von Gewaltausübung und Gewalteinwirkung sticht bei der Klimaerwärmung nicht direkt ins Auge. Da Gewalt üblicherweise als in der Zeit punktuelles traumatisches Ereignis erfolgt und wahrgenommen wird, entgeht sie unserer Aufmerksamkeit – obwohl ihre Auswirkungen fatal sind.[105] Mein individueller CO_2-Fußabdruck ist keine abstrakte Größe, sondern Ausdruck und Maß meiner individuellen Gewaltausübung vor allem auf den Teil der Menschheit, welcher bereits aus historischer Perspektive Opfer des Imperialismus war, heute unter der Klimaerwärmung und ihren Folgen am meisten leidet und den dafür keine Schuld trifft. Wird die Schwelle von 1,5 °C überschritten, setzt die Rückkopplungs- und Abwärtsspirale derart gravierend ein, dass sich die Zahl der Klimaopfer exponentiell vervielfacht. Es kommt beispielsweise in dicht besiedelten Gebieten der besagten Regionen zu Durchschnittstemperaturen, welche kein Leben mehr zulassen. Dieses Szenario hat bereits eingesetzt

104 Konkrete Pläne, einen durch die Globale Erwärmung oder einen nuklearen Krieg bedrohten Planeten zu verlassen, hegt bekanntermaßen Elon Musk. Auch Stephen Hawking glaubte aufgrund der Erderwärmung an die Notwendigkeit einer Mars-Kolonisierung. https://www.theguardian.com/science/blog/2018/aug/28/the-case-against-mars-colonisation (Januar 2023).

105 Rob Nixon: Slow Violence and the Environmentalism of the Poor. Cambridge, MA/London: 2011, S. 2.

CO2
Emissionen
Auswirkungen
der Klimaerwärmung
Bangladesh
Darfur

und hat das Potenzial, sich in den nächsten Jahren extrem zu verschärfen. Die Weltbank beispielsweise spricht 2018 von 140 Millionen Flüchtlingen bis 2050.

Erstaunlich ist, wie sehr das sich anbahnende Desaster in der Allgmeinbevölkerung nicht wahrgenommen wird. Abgesehen von ein paar Randnotizen zur Globalen Erwärmung werden extreme Wetterereignisse weiterhin unter »Naturkatastrophen« verbucht, als ob der Mensch nichts damit zu tun hätte. Die langsame Gewalt entzieht sich in noch größerem Ausmaß dem medialen Interesse, obwohl hier ebenso eine Täterschaft Opfern gegenübersteht. Die Verantwortung der Täterschaft konzentriert sich nicht auf einen bestimmten Zeitpunkt der Tat, sondern erstreckt sich über Jahrzehnte und hat historisches Ausmaß. Sie ist individuell (z. B. auf der Ebene eines verantwortungslosen überdurchschnittlichen CO_2-Ausstoßes), institutionell-politisch (im Nicht-Handeln von Regierungen und Entscheidungstragenden bzw. in der Förderung der falschen Energieträger wie Kohle zur Verstromung) oder ökonomisch (Investitionen in fossile Energieträger) zuzuordnen. Demgegenüber leiden die Opfer unter den neuen Klimaauswirkungen und werden dadurch zur Flucht oder direkt in den Tod getrieben.

Trotz dieser Rollenverteilung, welche relativ einfach anhand individueller, institutioneller und ökonomischer Kennzahlen (Investitionsvolumen in fossile Energieträger bzw. CO_2-Fußabdruck) mess- und darstellbar ist, bleibt die Wahrnehmung des Desasters ein strukturelles Problem. So geht die Traumaforschung von einer Inkommensurabilität verschiedener Positionen aus, je nachdem, ob jemand Gewalt ausübt, unbeteiligter Beobachter oder direktes Opfer davon ist. Das gilt für die Kolonialgeschichte und den neoimperial überformten Postkolonialismus ganz besonders. Letztlich weichen die Perspektiven der drei Gruppen nicht voneinander ab in Bezug darauf, *was* sie wahrnehmen. Hier scheinen sich die Positionen logisch zu ergänzen. Eklatant voneinander unterscheiden sich Opfer, Beobachter und Täter in Bezug darauf, was sie nicht sehen und wovon sie *nicht* Zeugnis abgeben können: Die Opfer sehen nicht die Bedeutung dessen, was sie sehen und erfahren. Die unbeteiligten Beobachter schauen nicht genau hin und übersehen ihre Verantwortung als Zeugen. Und die Täter sorgen dafür, dass ihre Tat unsichtbar bleibt.[106] Die langsame Gewaltausübung als Folge der Klimaerwärmung wird von einer ökonomischen Machtakkumulation der *Happy Few* getrieben. Sie ist daher ideologisch unspezifisch und universalistisch. Entscheidend ist die Struktur, die im Übrigen auch in individuelleren und kleinräumigeren Zusammenhängen und Situationen vorkommt, in denen Opfer Traumata von Tätern erleiden. Zwar überschneiden sich die Felder von Opfer, Zuschauer und Täter im Falle der langsamen Gewalt durch die Globale Erwärmung in ihrer Funktion noch deutlicher. Doch global und aus historischer Perspektive können die Rollen relativ einfach zugeordnet werden.

Die Täterschaft, welche es sich ökonomisch leisten und gönnen kann, überdurchschnittlich zur Globalen Erwärmung beizutragen, konzentriert sich auf die Akteure, welche vom Verkauf und Handel fossiler Energieträger oder von der Massentierhaltung profitieren. Wir sprechen hier also vom Rohstoffhandel, von Finanzmärkten und politischen Entscheidungsträgern. Und hier geht es nicht einmal um den skandalösen Umgang mit Fakten, welche sogar branchenintern – wie im Falle von Exxon – bereits in den 1980er Jahren bekannt waren. Es geht darum, dass die Auswirkungen des Handelns auf der Täterseite unsichtbar bleiben sollen, indem mit den falschen Bildern operiert wird: der Reiseanbieter, der in Übersee unberührte Landschaften anpreist, wohin man unbedingt fliegen muss; der Rohstoffhändler, der sich

106 Vgl. dazu Shoshana Felman, Dori Laub: Testimony. Crises of Witnessing in Literature, Psychoanalysis, and History. New York 1992, S. 207–209. Es geht hier weder um den Vergleich noch um die Gewichtung der Shoa im Verhältnis zur neoimperialen langsamen Gewalt. Denn erstens richtet sie sich viel unspezifischer gegen eine im Voraus nicht definierte Opfergruppe, zweitens beruht sie nicht auf einem Beschluss der organisierten Vernichtung (wie bei der Wannseekonferenz 1942) und drittens ist sie nicht ideologisch-rassistisch überformt.

in die Abstraktion von Zahlen flüchtet und dem Markt ja nur das liefert, was er eben zu benötigen scheint; der Finanzdienstleister, der dort seine Investitionen tätigt, wo die größte Gewinnchancen locken – unabhängig von ökologischen Folgeschäden; die kleinen und großen Politiker, die sich von Energiekonzernen bezahlen lassen, damit ihre Gewinne nicht einbrechen; der Lieferant fossiler Energieträger, der die Klimakiller als »Übergangstechnologien« anbietet. Keiner dieser Akteure auf der Täterseite zeigt auf die Gewalt, die er auslöst, und auf die Opfer, die er auf dem Gewissen hat. Sie bleiben unsichtbar.

Die Zuschauer sind wir, die abseits stehen und die Verantwortung weder für das eigene Handeln noch dafür, was wir wissen und sehen können, übernehmen. Ignoranz schützt nicht mehr vor der Verantwortung. Dies gilt besonders für das Bildungswesen. Dies gilt noch mehr für die Medien, welche oftmals die Tragweite dessen, wovon sie berichten, noch nicht richtig einschätzen und genauer beschreiben können. Eine ganze Branche ist hier in der Pflicht – wie die Täterseite auch. Den Opfern bleibt noch weitgehend der Zugang zur Bedeutung dessen, was ihnen widerfährt, verborgen. Die Zusammenhänge werden nicht benannt. Solidarisiert sich aber die Mehrheit der Menschheit, welche keine langsame Gewalt ausübt, aber in Zukunft immer mehr Gewalt erfahren wird, kann sie sich dagegen wehren, weil sie darum weiß. Das ist eine Frage der Aufklärung und der Selbstermächtigung. Den imperialen Gewaltbegriff gilt es zusätzlich zur räumlichen um die zeitliche Dimension zu erweitern. Insbesondere Gewalt über die Biosphäre ist nicht nur als Kampf um Raum, Körper, Arbeit oder Ressourcen zu begreifen, sondern ebenso um Zeit.[107] Der Autor, der den Begriff der langsamen Gewalt geprägt hat, schlussfolgert: »Indeed, I believe that the fate of environmentalism – and more decisively, the character of the biosphere itself – will be shaped significantly in decades to come by the tension between […]

107 Rob Nixon: Slow Violence (2011), S. 8.

›full-stomach‹ and ›empty-belly‹ environmentalism.«[108] Dies gilt ganz besonders für den Ausstoß von Klimagasen und die damit verbundene Klimaerwärmung.

BEPREISUNG: UMVERTEILUNG, KOMPENSATION UND RÜCKBINDUNG

Wir in den ökonomisch privilegierten Ländern stehen in der Pflicht, nicht nur unseren gegenwärtigen, sondern auch unseren historischen ökologischen Fußabdruck in die Rechnung aufzunehmen. Es ist zwar problematisch, eine Vollkostenrechnung zu machen, um nachzuweisen, wie viel der Ausstoß einer Tonne CO_2 heute eigentlich kosten müsste. Dennoch geben uns Berechnungen Anhaltspunkte und zeigen auf, dass nicht das Bevölkerungswachstum das eigentliche Problem darstellt, sondern die Kluft zwischen Reich und Arm und die damit verbundene Übernahme der Vollkosten durch die Allgemeinheit. So bedient man sich auf der Täterseite ausgeklügelter Mechanismen, das Problem zu überlagern und zu delegieren. Dazu gehört die Rede von der sogenannten Entkopplung der Wirtschaftsleistung vom CO_2-Ausstoß. Man zeigt dafür auf, dass im Lauf der Zeit die Emission im Verhältnis zum BIP sinkt – selbst wenn die Pro-Kopf-Emission um ein Vielfaches größer ist als in ärmeren Ländern. So halbierte sich beispielsweise in Deutschland im Zeitraum von 1990 bis 2015 der Wert von 0,39 auf 0,21 Kilogramm CO_2 pro BIP-Einheit (mit Dollarreferenz 2005), und selbst in China reduziert er sich von 1,24 auf 0,40 Kilogramm.[109]

Dennoch hat in diesen Jahren der Konsum von fossilen Energieträgern nochmals massiv zugenommen. Von einer Entkopplung kann daher keine Rede sein. Ein wegweisender Versuch besteht darin, CO_2-Emissionszertifikate auf einem gedeckelten

108 Rob Nixon: Slow Violence (2011), S. 5.
109 International Energy Agency (IEA): CO_2 Emissions from Fuel Combustion. Paris 2017, https://www.iea.org/media/statistics/CO2Highlights.XLS (Januar 2023).

Markt zu vergeben, um den Ausstoß wenigstens pekuniär zu »kompensieren« und sukzessive zu senken. In der Europäischen Union handelt es sich um das Emissions Trading System (ETS), das ungefähr 40 % des Klimagasausstoßes erfasst. Das 2005 gegründete Handelssystem dümpelte lange Zeit vor sich hin, weil zu viele staatliche Betriebe davon ausgenommen waren. Doch seit der Absenkpfad verschärft wurde, um die Pariser Klimaziele zu erfüllen, hat der Preis deutlich angezogen. Die Gelder sollten hauptsächlich den Verlierern der Klimaerwärmung zugutekommen oder direkt in den Klimaschutz fließen.[110] Aufgrund der französischen Erfahrung mit den Gelbwesten, welche sich gegen Treibstoffpreiserhöhungen für die CO_2-Abgaben wehrten, werden vermehrt Modelle angedacht, nach denen die Abgaben wieder an die Bevölkerung, gleichmäßig pro Kopf verteilt, zurückfließen. Damit kommen die Gelder zwar nicht dem Klimaschutz direkt zugute, regulieren jedoch die Nachfrageseite. Dem ist weiter nichts entgegenzuhalten, solange alle Treibhausgasemittenten erfasst werden, der Absenkpfad verschärft wird, die Verantwortlichen benannt und zur Rechenschaft gezogen werden und der Staat den Umstieg auf erneuerbare Energien anderweitig finanziert.

Auf freiwilliger Basis ist die Sachlage eine andere: Bei allen Projekten, in die beispielsweise die Stiftung myclimate oder Atmosfair investieren, lautet die Formel: Wenn wir schon zu viel CO_2 ausstoßen, so zahlen wir dafür, dass Andere in Zukunft hoffentlich weniger CO_2 ausstoßen. Alle Projekte sind darauf angelegt, entweder in Zukunft zusätzlichen Ausstoß zu verhindern oder eventuell in Biomasse zurückzubinden. Aber wer garantiert, dass die Solarpanels nicht sowieso installiert worden wären oder dass der aufgeforstete Wald nicht wieder abgeholzt wird? Das Problem

110 https://carbonmarketwatch.org/our-work/carbon-pricing/eu-carbon-market (Januar 2023). In der Schweiz entsprach dieses System dem Klimarappen, der Heizöl und Erdgas besteuerte; heute ist es die Stiftung Klimaschutz und CO_2-Kompensation (KliK), welche in Zukunft mit dem europäischen Markt gekoppelt werden soll.

besteht darin, dass das CO_2 bereits ausgestoßen ist. Eine wirklich nachhaltige Lösung würde aber darin bestehen, das CO_2 bereits vor seinem Ausstoß zurückzubinden – im Wissen darum, dass das Niveau der Kohlendioxidkonzentration wieder auf 350 ppm zu senken ist. So könnten Kohlen-, Erdöl- und Erdgasförderer ihre Restmengen an fossiler Energie nur noch dann liefern, wenn sie bereits vorgängig die in Zukunft daraus entstehende Emission bereits in fossiler Biomasse zurückgebunden haben, welche nicht mehr verbrannt wird.

Ja, man müsste eigentlich einen Schritt weitergehen: Warum nicht gleich die vorgängige Rückbindung mit dem Reduktionsziel von 350 ppm verbinden? Je mehr ich auszustoßen gedenke, desto mehr muss ich z. B. im doppelten bzw. beim Flugverkehr wegen der drei Mal höheren Klimawirkung im sechsfachen Verhältnis zurückbinden. Natürlich birgt diese Formel ein Risiko. Je mehr ich verbrenne, desto mehr soll zurückgebunden werden. Die Treibstoffkosten für LKWs und PKWs werden durch diese gezielte Bepreisung ungefähr um 50 % angehoben, die Kerosinkosten für den Flugverkehr werden sich dadurch verdoppeln, so dass die ökonomischen Grenzen schneller erreicht werden und den Umstieg auf erneuerbare Energieträger befördert wird. So schließen wir den Kohlenstoffkreis bereits jetzt, erreichen dank einer Bepreisungsprogression nach Klimaeffekt und überdurchschnittlichem Verbrauch globale und historische Gerechtigkeit und können die durch den CO_2-Ausstoß entstandenen Schadenskosten, welche über die Zeit bei steigender Konzentration exponentiell zunehmen, sukzessiv senken. Auf dem vom Klimaabkommen 2015 vorgegebenen Dekarbonisierungspfad, welcher so rasch wie möglich den Ausstoß auf Null senkt, ist eine direkte Kopplung der Abgaben an eine mehrfache Rückbindung sinnvoll.

Gerade aus **kultur- und sozialwissenschaftlicher Perspektive**, die auch den historischen gesellschaftlichen Bezug des Menschen zur Globalen Erwärmung und somit immer auch dessen Ursachen miteinbezieht, ist der CO_2-Markt zu hinterfragen. Die reine Quantifizierung dieses Marktinstruments sollte nicht davon ablenken, dass das Konzept der planetaren Grenzen nicht auf die eine Kennzahl heruntergebrochen werden kann.[111] Die historische Dimension des Problems mitzudenken ist notwendig für die Suche nach effektiven Lösungen, denn der bereits erfolgte Ausstoß spielt ebenso eine Rolle. Der Handel mit den bisherigen Zertifikaten erlaubt es paradoxerweise den Emittenten, weiter klimaschädigend zu handeln, anstatt die Verbrennung fossiler Brennstoffe aufzugeben und die dafür notwendigen Veränderungen in den Industrienationen schneller voranzutreiben.[112]

VERANTWORTUNG STATT SYMBOLPOLITIK

Es ist zentral, den Anteil eines jeden Menschen an der Allmende Atmosphäre quantifizier- und imaginierbar zu machen. Der Anteil meiner Rückbindungsverpflichtung steht mindestens in einer 1:1-Korrelation zu meinem Konsum fossiler Energien seit 1987, seit die klimatischen planetaren Grenzen überschritten worden sind. Für einen durchschnittlichen Europäer bedeutet das in etwa das Vierfache dessen, was im Durchschnitt pro Person global zurückgebunden werden muss: Es handelt sich um rund 200 Tonnen CO_2 in Europa, die auch individualisiert nach Einkommen und Vermögen differenziert werden. Dafür wird die große Mehrheit der Menschheit, welche sich unter dem Schnitt bewegt, entlastet. Dazu kommen die historischen Altlasten vor 1987, für welche bereits früher und spätestens seit dem Kyoto-Protokoll

111 Camilla Moreno et al.: Carbon Metrics. Global abstractions and ecological epistemicide. Volume 42 of the Publication Series Ecology (2015), S. 53.

112 S. dazu Larry Lohmann: Climate Crisis: Social Science Crisis. In: Martin Voss (Hg.): Der Klimawandel. Sozialwissenschaftliche Perspektiven. Wiesbaden 2010, S. 133–154, doi.org/10.1007/978-3-531-92258-4_8.

die industrialisierten Nationen eigentlich in die Pflicht hätten genommen werden müssen. Denn diese haben ihr Emissionsmaß schon lange ausgeschöpft. Hier müsste ein Paradigmenwechsel mit der einfachen Frage erfolgen: Wie viel CO_2 hätten alte Industrienationen bis heute eigentlich schon zurückbinden müssen, damit alle Nationen gleichbehandelt werden können?

Angesichts dieser Perspektive würden sich die 200 Tonnen CO_2 pro Person wahrscheinlich nochmals verdoppeln. Im Gegenzug würden erst kürzlich erstarkte Schwellenländer entlastet. Doch das wäre eine politische Entscheidung, die noch aussteht. Um eine Vollkostenrechnung zu machen, müsste man wissen, wie viel die Rückbindung einer Tonne CO_2 kosten würde. Bestimmte Szenarien sprechen bereits heute von 30 Euro pro Tonne.[113] Hier ist die Kapazitätsfrage nicht vollständig geklärt (▸ *Die unscheinbare Agrarrevolution*). Angesichts der Tatsache, dass heute der Schaden einer Tonne CO_2 diesen Preis bei Weitem übersteigt – die UNO spricht von bis zu 1.000 US-Dollar[114] –, scheint die Reduktion des atmosphärischen Klimagasgehalts, welche in Europa ungefähr 12.000 Euro pro Person kosten, aber sozial massiv abgefedert verteilt würde, machbar und ökonomisch völlig opportun zu sein. Es geht um den politischen Willen. Dabei handelt es sich um ein relativ einfach realisierbares Szenario. Erstens ist es umso einfacher, weil sich die Kosten automatisch an den Emissionen orientieren. Je weniger ich ausstoße und je weniger ich ausgestoßen habe, desto mehr werde ich entlastet. Zweitens generiert die Rückholaktion einen eigenen forst- und landwirtschaftlich orientierten Sektor, der wiederum sinnerfüllte Arbeitsplätze schafft.

113 OECD: Effective Carbon Rates. Pricing CO_2 through Taxes and Emissions Trading Systems. Paris 2016, S. 15, doi.org/10.1787/9789264260115-en.

114 Cameron Hepburn: Make carbon pricing a priority. In: Nature Climate Change 7 (2017), S. 389–390.

Konkrete Lösungen für die Kohlenstoffrückbindung

SO VIEL KOHLENDIOXID IST BEREITS JETZT ZURÜCKZUBINDEN

Damit die heutigen Lebensformen auf unserem Planeten überhaupt eine Chance bekommen, müssen wir definitiv zurückbuchstabieren. Es sind Verhältnisse zu schaffen, unter denen die Grenzen unseres Planeten nicht überschritten werden. Der CO_2-Gehalt der Atmosphäre ist – wie bereits oben ausgeführt – auf das Höchstmaß von 350 ppm zu reduzieren unter der Bedingung, dass der energetische Eintrag nicht ein Watt pro Quadratmeter und Jahr höher ist als auf dem vorindustriellem Niveau von 280 ppm.[115] Wenn wir die Biosphäre samt Menschheit nicht einfach an die Wand fahren wollen, sind bereits gegenwärtig mindestens 400 Gigatonnen CO_2 der Atmosphäre wieder zu entziehen.[116] Wir wissen, dass eine Gigatonne ungefähr einem Würfel aus Luft mit einer Kantenlänge von 10 Kilometern entspricht (► *Grundeinheiten der Klimaerwärmung*). Die 400 Gigatonnen verteilen sich bei Normaldruck von einer Atmosphäre auf insgesamt 40.000 Quadratkilometern. Das entspricht ziemlich genau der Fläche der Schweiz, über der alles Kohlendioxid, das man hier virtuell versammelt hätte, gebunden werden muss.

Dieses CO_2 kann weder in gasförmiger, noch in flüssiger Form unter Druck und/oder extremer Kälte langfristig aufbewahrt werden. Vielmehr muss es chemisch in anderer Form gebunden

115 Vgl. dazu Johan Rockström et al.: Planetary Boundaries (2009).

116 Geht man von einer atmosphärischen CO_2-Konzentration von 420 ppm aus, welche wir leider bald erreicht haben werden, muss man ungefähr 500 Gt CO_2 zurückbinden. Das ist rund ein Sechstel des gesamten atmosphärischen Kohlendioxidgehalts. Dieser Wert erhöht sich natürlich nochmals massiv, falls man immer noch von einem »CO_2-Budget« für die Zukunft ausgeht (► *Noch nicht angekommen: die große Rückholaktion*).

400
Gigatonnen
CO_2
10 km
200 km

werden: möglichst in dichten und langen C-Ketten, während der Sauerstoff in der Atmosphäre bleiben kann.

NOCH NICHT ANGEKOMMEN: DIE GROSSE RÜCKHOLAKTION

Seit dem Zwischenbericht 2017 werden Negativemissionen ernsthaft in Betracht gezogen und aufgelistet. Für jedes Szenario rechnet man ab 2030 mit beachtlichen CO_2-Mengen, welche zurückgebunden werden müssen. Die Botschaft scheint angekommen zu sein, dass die Maximalerwärmung um 1,5 °C allein mit Reduktionszielen nicht mehr erreicht werden kann. Die Rückbindung von Kohlendioxid erfolgt – und dies ist zu betonen – *zusätzlich* zum Absenkungspfad und kann diesen in keiner Weise ersetzen. Darum sind selbst sinnvolle Kompensationen vom gegenwärtigen Klimagasausstoß im Verhältnis 1:1 problematisch. Diese Kompensationen stehen in direkter Konkurrenz zur Reduktion des historischen Ausstoßes seit 1987.

Sich also trotzdem den Flug nach Sri Lanka in die Ayurveda-Kur zu »leisten« und den Ausstoß zurückzubinden, bedeutet lediglich die Fortsetzung der langsamen Gewalt mit anderen Zielkonflikten. Denn die langsame Gewalt bezieht sich nun weniger auf die Zeit als vielmehr auf die totale Rückbindungskapazität unseres Planeten in den nächsten Jahren – wie wir noch sehen werden. Es spricht nichts gegen eine Ayurveda-Kur, welche ohne diesen massiven Zugriff auf fossile Energie und Kompensationsressource auskommt. Die Verlockung ist gegenwärtig groß, mit myclimate oder ganz konkret mit einem Humusaufbauprogramm den Ausstoß zu kompensieren, weil sich die Preise noch im erschwinglichen Rahmen bewegen. So zahle ich gegenwärtig bei myclimate rund 30 Franken oder bei atmosfair 23 Euro pro Tonne für Kompensationen in Entwicklungsländern. Die zertifizierte Rückbindung durch Humusaufbau in der Ökoregion Kaindorf in der Oststeiermark kostet mich pro Tonne 45 Euro.

Ich kann somit mit einem Preis deutlich unter 100 Euro meinen persönlichen CO_2-Ausstoß kompensieren. Konsequenterweise ist der Klimagasausstoß, welcher aus meinem Konsum von Nahrung, Gütern, Wohnraum und Mobilität resultiert, bereits an der Produktionsquelle möglichst zu reduzieren – was selbst in unserer technisierten Welt nicht unmöglich ist: Reduktion des Fleischkonsums, Verzicht auf Flugreisen, Wohnen in Gebäuden mit fossilfreier Beheizung und vollständige Elektrifizierung der Mobilität aus erneuerbaren Energieträgern. Lediglich das fossile Grundrauschen, dem wir uns nicht so einfach entziehen können, das aber nur noch einen Bruchteil des gegenwärtigen Klimagasausstoßes ausmacht, müsste dann zurückgebunden werden.

Bei uns ist die **Ernährung** für ca. 20 % der Treibhausgase insgesamt und für rund 28 % jedes einzelnen Fußabdrucks verantwortlich. Das bedeutet auch, dass hier ein großer Handlungsspielraum besteht: Wer wenig Fleisch isst, saisonal, regional, biologisch und verpackungsarm einkauft und wenig wegwirft, kann seine Emissionen in diesem Bereich um nahezu 70 % reduzieren.[117]

Sprechen wir also von Negativemissionen, dann nur mit dem Ziel, im Moment noch völlig unvermeidbare Klimagasemissionen und solche, welche spätestens seit 1987 auf unser Konto gehen, zu kompensieren und zurückzubinden. Negativemissionen sollten dazu dienen, den Gehalt von CO_2 in der Atmosphäre auf 350 ppm zu reduzieren – auch wenn die Klimasachstand- und Zwischenberichte noch nicht explizit davon sprechen. Diese gehen weiterhin vom 1,5-Grad-Ziel aus. Wollen wir dieses Ziel im Jahr 2100 erreichen, sind wir auf Negativemissionen angewiesen.[118] Der Zwischenbericht

117 WWF: Klimawandel auf dem Teller (2012), https://www.wwf.de/fileadmin/fm-wwf/Publikationen-PDF/Klimawandel_auf_dem_Teller.pdf (Januar 2023).

118 Sabine Fuss: The 1.5 °C target, political implications, and the role of BECCS. In: Oxford Research Encyclopedia of Climate Science. Climate Science April

2017 rechnet damit, 2050 pro Jahr bereits 8 Gigatonnen CO_2 aus der Atmosphäre zu entfernen, um insgesamt 810 Gigatonnen CO_2 (im Bereich zwischen 440 Gigatonnen und 1.020 Gigatonnen) zurückzubinden. Damit bewegen wir uns bei ungefähr der doppelten Menge, welche wir eingangs bereits in Form des Schweizer Luftraums vorstellbar gemacht haben (▸ *So viel CO_2 ist bereits jetzt zurückzubinden*). Das entspricht ungefähr dem Ausstoß der letzten zwanzig Jahre ohne Einbeziehung der Absorption durch die Ozeane und in Biomasse.[119] Das IPCC rechnet aber noch nicht mit der Rückbindung des bereits erfolgten Ausstoßes seit wir die planetare Grenze von 350 ppm überschritten haben.

Gehen wir davon aus, dass sich der CO_2-Ausstoß wenigstens stabilisiert (und nicht wie in den letzten Jahren weiter steigt), sich die Mobilität aber nicht so rasant wie nötig mit erneuerbaren Energieträgern elektrifizieren lässt, dann wird der vorgesehene Absenkpfad bis 2050 nicht eingehalten. Kurzum: Die große Rückholaktion, welche heute beginnt und über 100 Jahre andauern wird, gilt wahrscheinlich über 1.000 Gigatonnen CO_2. Das wäre ungefähr das Zweieinhalbfache des Schweizer Luftraums bzw. ein bisschen mehr als ein Viertel des deutschen Luftraums (▸ *Grundeinheiten der Klimaerwärmung*). Obwohl die naturwissenschaftliche Analyse des IPCC nicht deutlicher ausfallen könnte, hinken seine ökonomisch-politischen Ziele noch den physikalischen Erkenntnissen nach und sind zu wenig ambitioniert, um das Klima wirklich zu retten. Warum sollen wir nicht jetzt schon planen, wie wir in näherer Zukunft pro Jahr über 20 Gigatonnen CO_2 zurückbinden könnten? Der Umbau in eine geschlossene Kreislaufwirtschaft mit konsequenter Energieversorgung aus erneuerbaren Quellen ist zu kombinieren mit der großen Rückholaktion.

2017, doi.org/10.1093/acrefore/9780190228620.013.585; Jan C. Minx et al.: Fast growing research on negative emissions. Envir. Res. Letters 12/035007 (2017); EGR 2017, S. 60.

119 EGR 2017, S. 60.

Climate Targets

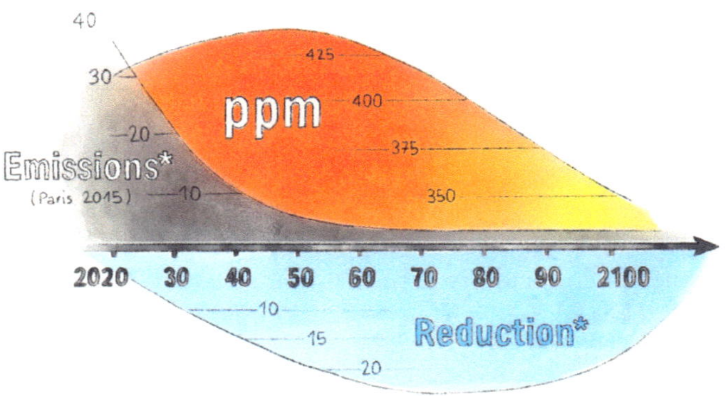

Das dynamische Modell ist darauf angelegt, in der Gegenwart mit den Negativemissionen zu beginnen und eine entsprechende »Industrie« aufzubauen, um bis 2030 eine Kapazität von 10 Gigatonnen rückgebundener CO_2-Äquivalente zu erreichen, welche bis 2060 25 Gigatonnen erreicht und somit fast den gegenwärtigen Ausstoß ausgleicht. Die Rückbindungskapazität ist darauf angelegt, dass zwar noch der Peak von rund 430 ppm – unter Einhaltung des Pariser Abkommens 2015 – zur Jahrhundertmitte erreicht wird, danach jedoch die CO_2–Konzentration in der Atmosphäre bis in das Jahr 2100 auf die nötigen 350 ppm gesenkt wird. Noch in unserer Lebensspanne sollte die Meldung eintreffen, die atmosphärische Klimagaskonzentration habe erstmals im Vergleich zum Vorjahr wieder abgenommen.

LÖSUNGEN DER LANDWIRTSCHAFT

Worin bestehen die technischen Möglichkeiten? Welches Wissen steht schon bereit? Und welche Kapazitäten sind zu erwarten? Um diese Fragen zu beantworten, stütze ich mich auf den Zwischenbericht 2017, der zwischen technologie- und (kultur-) landbasierten Möglichkeiten unterscheidet. Die Haupttechnik, auf welche man bisher setzte, basierte auf der Kombination der beiden Möglichkeiten. So soll Biomasse kulturlandbasiert erzeugt werden, diese Biomasse in Energie verwandelt und das daraus entstehende CO_2 im Boden technologiebasiert gespeichert werden.[120] Inzwischen hat sich aber gezeigt, dass der Einsatz von Biodiesel in direkter Konkurrenz zur Nahrungsmittelproduktion steht und unklar ist, ob die größeren Ackerflächen nicht zu mehr Klimagasen führen als vermieden werden. Zudem ist die CO_2-Speicherung im Untergrund nicht überall möglich, weil der Boden nicht dicht ist. Der Bericht setzt darauf, dass lediglich Restprodukte aus Land-

120 EGR 2017, S. 62; Sabine Fuss et al.: Research priorities for negative emissions. Environ. Res. Letters, 11/115007 (2016), doi.org/10.1088/1748-9326/11/11/115007.

und Forstwirtschaft verwendet werden könnten. Doch angesichts der benötigten Mengen ist die Kontrolle darüber schwierig, dass die Erzeugung von Biomasse zur Energiegewinnung nicht in direkter Konkurrenz zur Produktion von Nahrungsmitteln steht. Dies gilt im Übrigen auch für Biogas.

So geht der Bericht vom Gebrauch von bis zu 7 Millionen Quadratkilometern Ackerfläche aus.[121] Die globale Landwirtschaftsfläche, welche auch Weideland beinhaltet, ist zwar sechs bis sieben Mal so groß. Angesichts dieser Größenverhältnisse wird aber deutlich, dass man auf diese kombinierte Technik nicht ausschließlich setzen kann oder sogar davon absehen muss. Sie wird vielleicht erst wieder punktuell attraktiv, wenn dank riesiger Aufforstungsprojekte große Flächen fruchtbar gemacht worden sein werden. Aber das ist Zukunftsmusik und entspricht nicht der heutigen Realität. Der Kombination sind – wenn überhaupt – andere Rückbindungstechniken vorzuziehen. Dabei ist aber unklar, ob wir zu diesem Zeitpunkt in Zukunft überhaupt noch auf die Verbrennung von Biomasse angewiesen und nicht schon seit einiger Zeit vollständig auf viel effizientere erneuerbare Energieträger umgestiegen sein werden. Die Speicherung von CO_2 im Untergrund erfordert wahrscheinlich eher zentralisierte Lösungen, während die Photovoltaik in Kombination mit anderen erneuerbaren Energiequellen eher dezentral funktionieren wird. Aber das sind lediglich Zukunftsszenarien. Wo stehen wir also heute mit der Rückholaktion?

WAS DIE EINLAGERUNG VON CO_2 BEWIRKEN KANN

Eher problematisch sind die gegenwärtigen Versuche der Erdöl- und Gasförderungsindustrie, CO_2 wieder in den Boden einzulagern. Zum einen ist dies nur in begrenztem Umfang mög-

121 EGR 2017, S. 62; Pete Smith: Soil carbon sequestration and biochar as negative emission technologies. In: Global Change Biology 22 (2016), S. 1315–1324, doi.org/10.1111/gcb.13178.

lich – das leichte Gas nimmt wegen der zusätzlichen Angliederung der beiden Sauerstoffatome pro Kohlenstoffatom deutlich mehr Raum ein als die dichten Kohlenstoffketten. Zum anderen ist die Lagerung alles andere als sicher, weil die Gesteinsformationen nicht sehr verbreitet sind, die absolut dicht sind oder das CO_2 absorbieren und als Karbonat ablagern. Die Sicherheitsproblematik ist aus der Endlagerung atomarer Abfälle bekannt, wobei die CO_2-Menge unvergleichbar größer ist. Die Frage bleibt bestehen, wie Kohlendioxid aus der Atmosphäre zurückgeholt werden kann. Das Vorhaben des Carbon Dioxide Removal (CDR) beschäftigt die Wissenschaft, steckt aber noch weitgehend in den Kinderschuhen. Die bisherigen technischen Lösungen sind äußerst energie- und kostenintensiv. Macht man die Probe aufs Exempel, erhält man selbst vom norwegischen Erdöl- und Gaskonzern Equinor auf die Frage nach der CO_2-Rückbindung den Verweis auf Carbon Capture and Storage (CCS) und Enhanced Oil Recovery (EOR). Im Moment wird zwar CO_2 in ehemalige oder gegenwärtige Öl- und Gasfelder eingebracht, doch meist nur zur besseren Ausbeutung der vorhandenen Restbestände. Spricht also die Erdgas- oder Erdölförderindustrie von diesen Techniken, so handelt es sich eigentlich nur um Greenwashing.

Dennoch sind die technologiebasierten CO_2-Rückbindungen von Bedeutung. Am einfachsten präsentiert sich die direkte Luftfilterung, wie sie vom Spin-off Climeworks der ETH Zürich entwickelt worden ist. Inzwischen wird ein zweiter Prototyp auf Island erstellt mit dem Ziel, bis 2025 1 % des jetzigen globalen Ausstoßes an CO_2, also rund 300 Megatonnen, aus der Luft zu filtern und im Basaltgestein zu lagern, das mit dem CO_2 innerhalb von zwei Jahren zu einem Carbonatmineral reagiert.[122] Der Standort Island bietet zwei entscheidende Vorteile: Zum einen kann das CO_2 ideal im spezifisch vulkanischen Untergrund gespeichert werden; zum

122 »CO_2-Deponie im Untergrund von Island«. Tagesanzeiger, 9. Oktober 2018. Vgl. auch mit dem Video von Climeworks »What we can do«, http://www.climeworks.com/about (Januar 2023).

anderen steht dank der Geothermie einer der günstigsten erneuerbaren Energieträger fast gratis zur Verfügung. Denn die direkte Absonderung von CO_2 aus der Luft bleibt äußerst energieintensiv. So veranschlagt die American Physics Society 2011 den Preis pro zurückgefilterter Tonne zwischen 200 und 600 US-Dollar.[123] Dies entspricht in etwa den Kosten, mit welchen Climeworks rechnet. Gegenwärtig belaufen sie sich auf 500 Euro, wobei man bei einer Skalierung von einem realisierbaren Endpreis von rund 180 Euro ausgehen kann.[124] Damit bewegt sich die Firma weiterhin im Luxussegment. Ihr Vorteil liegt darin, dass sie reines CO_2 für die weitere industrielle und landwirtschaftliche Verwendung zur Verfügung stellt.

Die drei anderen technologischen Lösungen, welche der Emissions Gap Report 2017 vorschlägt, könnten unter Umständen CO_2 günstiger zurückbinden. Sie sind aber entweder sehr beschränkt oder in Bezug auf ihre Auswirkungen auf die Umwelt noch zu wenig untersucht. So weisen Fachvertreter der Geologie und insbesondere der Paläoklimatologie zu Recht darauf hin, dass der Großteil des Kohlenstoffs in Form von mineralischen Verbindungen im Gestein gespeichert ist und dass Verwitterungsprozesse über Tausende und Millionen von Jahren den Hauptteil von CO_2 zurückbinden.[125] Diese Prozesse können bis zu einem gewissen Grad beschleunigt werden, bleiben aber langsam oder werden extrem energieaufwendig. Theoretisch sind sie in der Menge auch unlimitiert, doch benötigen sie große Landflächen,

123 EGR 2017, S. 64; American Physics Society Panel on Public Affairs: Direct Air Capture of CO_2 Using Chemicals, 1. Juni 2011, https://www.aps.org/policy/reports/assessments/upload/dac2011.pdf (Januar 2023).

124 NZZ, 30. August 2018.

125 T. C. Chamberlain: An Attempt to Frame a Working Hypothesis of the Cause of Glacial Periods on an Atmospheric Basis. Journal of Geology 7 (1899), S. 575, S. 667, S. 751.; Maureen E. Raymo: Geochemical evidence supporting T. C. Chamberlain's theory of glaciation. In: Geology 19:4 (1991), S. 344–347, doi.org/10.1130/0091-7613(1991)019<0344:GESTCC>2.3.CO;2; nach EGR 2017.

welche der Atmosphäre ausgesetzt sind. Obwohl die daraus entstehenden Stoffe auf dem Bau als Zement verwendet werden können und sehr stabil sind, sind beschleunigte Verwitterungsprozesse aufs Ganze gesehen sehr teuer und erlauben keine hohe Jahreskapazität.

Neueste Forschungen konzentrieren sich zudem auf die Umwandlung von CO_2 in hochwertige Polymere, Kohlefasern, Graphen (modifizierter Kohlenstoff) oder sogar in Diamanten. Zum einen steht hier die Entwicklung noch in den Kinderschuhen, zum anderen kann man das Potenzial noch nicht abschätzen.[126] Die Internationale Energieagentur geht davon aus, dass trotz Recycling die Petrochemie immer mehr Ölprodukte brauchen wird insbesondere für die Herstellung von Fahrzeugen, Gebäuden und weiteren Industriematerialien, wie sie beispielsweise auch für Windturbinen zum Einsatz kommen.[127] Obwohl die Petrochemie im Moment selbst im jüngsten Klimasachstandbericht (AR5) eher ein Schattendasein fristet, ist sie ernsthaft in Klimaszenarien zu integrieren. Hier bildet CO_2 als Grundstoff eine wichtige Alternative zur Förderung von Öl. Die drei beschriebenen Verfahren von direkter Luftfilterung, Verwitterungsrückbindung und Werkstoffherstellung lassen sich wahrscheinlich gut kombinieren, werden aber eher zur Veredelung von Rohstoffen eingesetzt, welche einen wichtigen Grundstein für recyclierbare Werkstoffe bilden – und aus Kostengründen weniger zur hochskalierten reinen CO_2-Rückbindung, die wir aber unbedingt brauchen, um unser Klima wieder in sichere Bahnen zu lenken.

126 EGR 2017, S. 65.

127 International Energy Agency: The Future of Petrochemicals. Towards more sustainable plastics and fertilisers. (2018), https://webstore.iea.org/the-future-of-petrochemicals (Januar 2023).

NATÜRLICHER KOHLENSTOFFKREISLAUF

Mit deutlich größeren Mengen kann beim Eintrag von alkalischem Material in Weltmeere gerechnet werden. Hier hat man das theoretische Potenzial »to sequester hundreds of billions to trillions of tons of [carbon]«.[128] Mit der Kalkdüngung könnte wahrscheinlich die nötige Gesamtmenge an CO_2 zurückgebunden werden. Der Preis bewegt sich je nach Technik und verwendetem Material zwischen 10 und 190 US-Dollar. Doch weder verfügt man über genügend Mineralien in Küstennähe, noch kennt man die Folgen erhöhter Basenwerte auf die Meeresökologie. Hier ist mit viel Forschung zu rechnen, deren Ausgang ungewiss ist. So könnte es sich herausstellen, dass Kalkdüngung einen ähnlichen Effekt auf die Meeresbiologie haben könnte wie die gegenwärtige Versauerung. Die Unwägbarkeiten sind groß.

Dagegen können die kulturland- bzw. landbasierten Möglichkeiten auf einen großen Wissensschatz zurückgreifen. Dies soll nicht bedeuten, dass die bis dahin skizzierten Technologien nicht weiter erforscht und vertieft werden sollen. Doch die (kultur-)landbasierten Lösungsvorschläge sind nicht nur deutlich günstiger, sondern können andere planetare Grenzen aktiv einbeziehen. Für die natürliche Rückbindung wird der Grundstein der Fotosynthese genutzt: Pflanzen verwandeln für den Zellaufbau CO_2 in Kohlenstoffketten (wie z. B. Zucker oder Zellulose). So kann man beobachten, wie sich der CO_2-Gehalt auf der Nordhalbkugel in den Monaten Mai bis September absenkt. Doch das meiste organische Material wird auf irgendeine Art und Weise, sei es von Mikroorganismen, sei es von größeren Lebewesen, wieder verbrannt bzw. veratmet, so dass über den Herbst und Winter der CO_2-Gehalt wieder ansteigt. Der »natürliche« Kohlenstoffkreislauf ohne den zusätzlichen Eintrag anthropogener Klimagase aus fossilen Energieträgern bildet ein Nullsummenspiel.

128 Phil Renforth, Gideon Henderson: Assessing ocean alkalinity for carbon sequestration, Reviews in Geophysics 55:3 (2017); EGR 2017, S. 64.

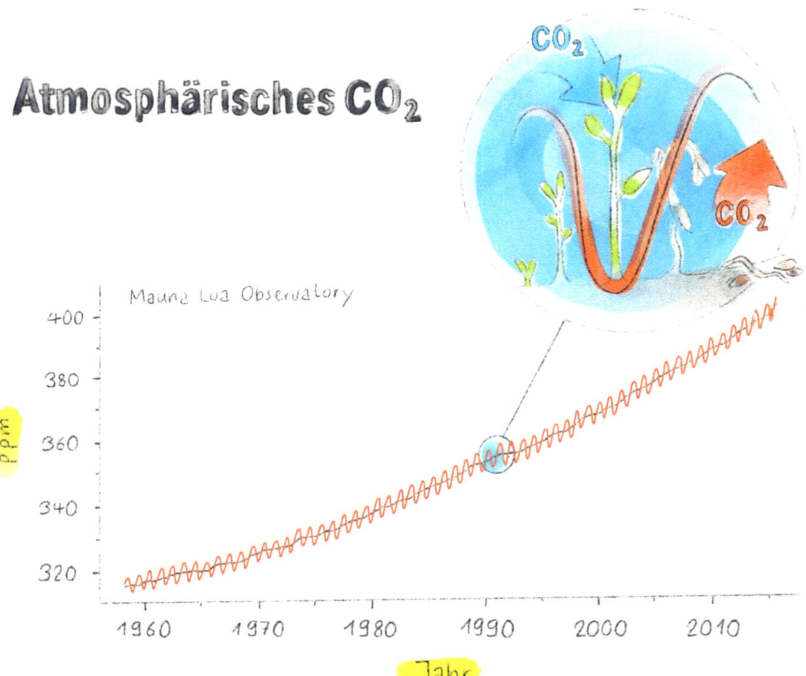
Atmosphärisches CO_2
CO_2
CO_2
Mauna Loa Observatory
400
380
360
340
320
ppm
1960
1970
1980
1990
2000
2010
Jahr

Es handelt sich um die bekannte Keeling-Kurve, die man seit 1957 im Mauna-Loa-Observatorium auf Hawaii im Jahresverlauf nachzeichnet.[129]

Der Umsatz von CO_2-Rückbindung und -ausstoß beläuft sich auf ungefähr 400 Gigatonnen (▶ *Kohlenstoffhaushalt der Erde*), also auf das rund Zehnfache der gegenwärtigen CO_2-Emission aus fossilen Quellen. Doch zu diesem Umsatz tragen vor allem alle Lebewesen und in weit geringerem Umfang zusätzliche chemische Prozesse (wie Verwitterung und Versauerung der Weltmeere) bei. Die landbasierte CO_2-Rückbindung macht sich die Einlagerung von Kohlenstoff in der Biomasse zunutze. Anstatt diese natürlich verrotten, veratmen oder verbrennen zu lassen, werden sie unter Sauerstoffausschluss anaerob abgebaut und gelagert. Genau auf diesem Prinzip basieren altbekannte Kulturtechniken (▶ *Fruchtbare Böden dank Terra Preta*). Am wichtigsten scheint zunächst die Aufforstung zu sein. Dabei geht der Zwischenbericht 2017 von einem jährlichen Rückbindungspotenzial von bis zu 28 Gigatonnen CO_2 pro Jahr aus.[130] Bei einer langfristig geregelten Forstwirtschaftspolitik, welche die Rolle der Kohlenstoffsenke ernst nimmt, kann somit die nötige Menge zurückgebunden werden. Zudem ist der Preis dafür gering. Insbesondere die Landwirtschaft in subtropischen und tropischen Trockenzonen profitiert vom neuen feuchteren Mikroklima. Zwar ist mit einer leichten Verringerung der Albedo zu rechnen, doch wird diese durch eine Verdichtung von Lebenszonen mehr als wettgemacht. Aufforstung ist aber nicht einfach als Monokultur zu verstehen, um möglichst schnell möglichst viel CO_2 zurückzubinden, indem man beispielsweise lediglich auf Eukalyptusbäume setzt, welche zwar

129 http://scrippsco2.ucsd.edu/research/atmospheric_co2 (Januar 2023). Allgemein zur Keeling-Curve: https://physics.stackexchange.com/questions/262472/why-would-el-ni%C3%B10-affect-atmospheric-co2-measurements (Januar 2023).

130 EGR 2017, S. 60; Bronson W. Griscom et al.: Natural climate solutions. Proceedings of the National Academy of Sciences Oct 2017, 114 (44), S. 11645–11650, doi: 10.1073/pnas.1710465114.

schnell wachsen, aber auch den Grundwasserspiegel senken und überdies alle anderen Pflanzen verdrängen. Vielmehr ist die durch Aufforstung geschaffene Kohlenstoffsenke in ihrer Fruchtbarkeit möglichst vielfältig zu halten, um dadurch sowohl »natürliche« Erholungszonen als auch landwirtschaftliche Nischen unterschiedlicher Bearbeitungsintensität zu schaffen.

DIE UNSCHEINBARE AGRARREVOLUTION

Denn innerhalb neu aufgeforsteter Gebiete können auch die drei weiteren landbasierten Kohlendioxid-Rückbindungs-Möglichkeiten, welche der Emissions Gap Report aufzählt, genutzt und so ausgelegt werden, dass sich ihr Senken-Potenzial nicht allmählich erschöpft. Bei der Aufforstung stellt dies nämlich ein Problem dar, weil ein Wald, der ausgewachsen ist, immer weniger zusätzlichen Kohlenstoff zurückbindet. Es handelt sich um die Restauration bzw. Einrichtung neuer Sumpfgebiete (1), um die Erhöhung des Kohlenstoffgehalts in Landwirtschaftsland (2) und um die Nutzung von verkohlter Biomasse (3). Jede Möglichkeit für sich genommen hat entweder ein kleines Potenzial oder ist kostenintensiv. Doch kombiniert führen sie zu einer nachhaltigen, von fossilen Produkten unabhängigen Nahrungsmittelproduktion mit dem angenehmen Nebeneffekt der CO_2-Rückbindung. So können zwar in Sümpfen und Mooren bis zu 5 Gigatonnen CO_2 pro Jahr sequestriert werden. Doch stehen diese Naturgebiete seit langem unter Druck, sodass selbst restaurierte Flächen in Zukunft wieder der Austrocknung und damit der Reemittierung von Klimagasen ausgesetzt sind. Zudem haben Sümpfe in der Vergangenheit mit bis zu einem Viertel zum weltweiten Methaneintrag in die Atmosphäre beigetragen. Auch die Kosten belaufen sich immer noch auf 10 bis 100 Dollar pro zurückgebundener Tonne CO_2.

Am kostengünstigsten erweist sich der Humusaufbau, d. h. die Erhöhung des Kohlenstoffgehalts vor allem in Böden, welche während der letzten 150 Jahre einer zusehends fossil getriebenen Ackerwirtschaft ausgelaugt worden sind. Da der Landwirt vom fruchtbaren Boden, den er durch eine fachgerechte Behandlung erhält, profitiert, kann man sogar von Minuskosten sprechen. Pro Tonne in Ackererde zurückgebundenem CO_2 erhält man einen zusätzlichen Wert von bis zu 45 US-Dollar.[131] In der Ökoregion Kaindorf verlangt man für die Zertifizierung einer Tonne sequestrierten Kohlendioxids in Ackerflächen 45 Euro, wovon 30 Euro dem Landwirt ausbezahlt werden und 15 Euro auf die Beratung entfallen.[132] Das Problem besteht aber darin, dass die Aufnahmemenge im Moment noch relativ beschränkt ist und global auf 4,8 Gigatonnen CO_2 pro Jahr beziffert wird.[133] Zudem sind die ausgelaugten Ackerflächen nicht beliebig sättigbar und es besteht bei zunehmendem Kohlenstoffgehalt das Risiko der Emission von Lachgas.

Hier kommt die Schlüsseltechnik zum Einsatz, welche den Kohlenstoff-Sättigungsgrad sowohl der neuen Wald- als auch der bisherigen Landwirtschaftsflächen fast nach Belieben erhöhen kann – eine Technik, welche schon seit Jahrtausenden in vielen Kulturen bekannt ist und deren Basis heute unter dem Namen Biochar läuft. Durch Pyrolyse wird Biomasse in Pflanzenkohle und somit der Kohlenstoff in einen Zustand gebracht, der weder von Lebewesen, noch durch Verwitterung wieder in Kohlendioxid umgewandelt werden kann und daher sehr resistent ist.[134] Die Kohle, welche in den Boden eingetragen wird, stabilisiert weiter hinzugefügtes organisches Material. Der Boden wird poröser und seine Qualität erhöht sich. Es können mehr Nährstoffe und Wasser zurückgehalten werden, was wiederum dem Pflanzen-

131 Smith, Pete: Soilcarbon sequestration and biochar as negative emission technologies. In: Global Change Biology 22 (2016), S. 1315–1324, doi.org/10.1111/gcb.13178.

132 Humus-Zertifikate der Ökoregion Kaindorf: www.oekoregion-kaindorf.at/index.php?id=167 (Januar 2023).

133 EGR 2017, S. 61.

134 EGR 2017, S. 62; Johannes Lehmann et al.: Stability of biochar in soil. In: Ders., Stephen Joseph (Hg.): Biochar for Environmental Management: Science, Technology and Implementation. London 2015, S. 235–282.

wachstum zugutekommt.[135] Zwar kann Biochar in großen Mengen eingesetzt werden, doch die Bodenfruchtbarkeit ist optimal bei maximal 20 % der eingetragenen Biomasse, welche in einem möglichst sinnvollen Verhältnis zum Stickstoffgehalt stehen sollte.[135] Das Potenzial – so der Zwischenbericht 2017 – für die CO_2-Rückbindung durch Biochar bewege sich zwischen 1,8 und 3,3 Gigatonen pro Jahr.[137] Mengenmäßig entscheidend ist aber nicht die pyrolisierte Biomasse, sondern die nährstoffreiche Schwarzerde, welche hergestellt werden kann.

Diese Erde trifft man in allen Weltgegenden an; am bekanntesten ist sie als Terra Preta, welche in präkolumbianischer Zeit eine Zivilisation mit relativ hoher Bevölkerungsdichte im Amazonas erlaubte. In der Terra Preta findet man Tonscherben, Fäkalien, Fischgräten und vor allem feine Pflanzenkohle. Offenbar wurden sämtliche Abfälle zusammen mit Kohle in großen Tonkrügen anaerob fermentiert, die Tongefäße im angrenzenden Garten unter den Tropenbäumen zerschlagen und als Grundlage für den Gemüse- und Früchteanbau genutzt.[138] Nicht nur hatte man so einen geschlossenen Nahrungsmittelkreislauf, sondern hinterließ auf dem normalerweise nährstoffarmen Ferralsol-Boden des Amazonas eine äußerst fruchtbare Humusschicht, welche teilweise bis auf 2 Meter anwachsen konnte.[139] Diese Humusschicht lässt sich eigentlich beliebig erhöhen. Aus diesem Grund ist die CO_2-Rückbindung bzw. die Kohlenstoffsenke, welche auf dem

135 Albert Bates: The Biochar Solution: Carbon Farming and Climate Change (Sustainable Agriculture). Gabriola Island/Canada 2011.

136 Fritz Scheffer, Paul Schachtschabel: Lehrbuch der Bodenkunde. Berlin 2018.

137 Dominic Woolf: Sustainable biochar to mitigate global climate change. Nature Communications 1 (2010), Article 56, doi:10.1038/ncomms1053.

138 Bruno Glaser et al.: Prehistorically modified soils of central Amazonia: a model for sustainable agriculture in the twenty-first century. Phil. Trans. R. Soc. B 362 (2007), S. 187–196.

139 Johannes Lehmann et al.: Nutrient availability and leaching in an archaological Anthrosol and a Ferrasol of the Central Amazon basin: fertilizer, manure and charcoal amendments. In: Plant and Soil 249 (2003), S. 343–357.

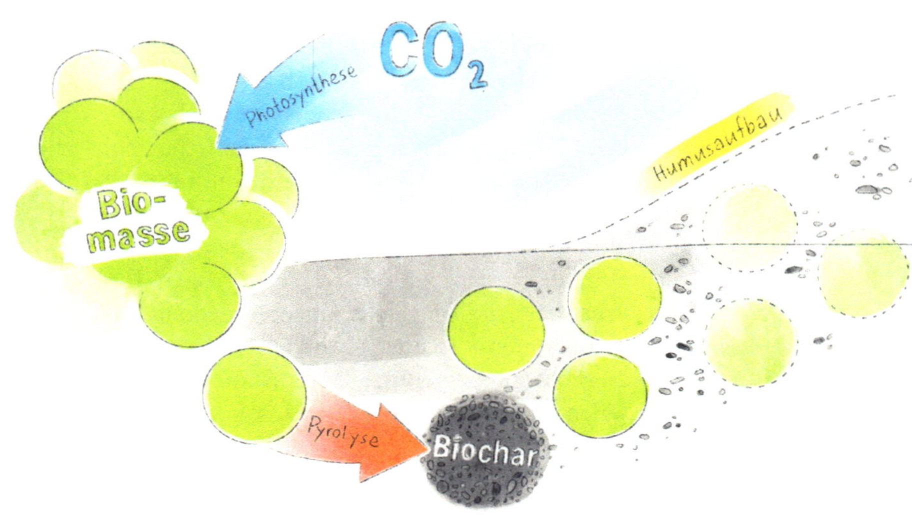
CO_2
Photosynthese
Bio-
masse
Humusaufbau
Pyrolyse
Biochar

Prinzip der Terra Preta beruht, nicht limitiert – im Unterschied zur Aufforstung und im Unterschied zur Kohlenstoff-Sättigung ausgelaugter Ackerböden. Zudem kann die Biochar-Kohle weitere Klimagase, insbesondere Lachgas, ein Problem beim anaeroben Humusaufbau ohne Kohle, reduzieren.[140]

FRUCHTBARE BÖDEN DANK TERRA PRETA

Die Technik ist weder in der konventionellen noch in der biologischen Landwirtschaft besonders bekannt und findet noch kaum großflächig Verbreitung. Am besten lässt sich Biochar dezentral in relativ kleinen Pyrolyseanlagen herstellen. Eine bereits standardisierte Anlage, welche auch in der Ökoregion Kaindorf zum Einsatz kommt, produziert pro Tag ungefähr 1 Tonne, im Jahr also rund 350 Tonnen Pflanzenkohle. Damit werden 900 Tonnen Kohlendioxid langfristig der Atmosphäre entzogen. Nebenbei entsteht bei der Pyrolyse eine Wärmeleistung von 100 kW, welche übers ganze Jahr zum Beispiel durch eine kleine Turbine in Elektrizität umgewandelt werden und die Grundlast des Stromnetzes stabilisieren können. Damit ist es möglich, nochmals 500 Tonnen CO_2 von fossilen Energieträgern zu vermeiden. In einer Übergangszeit ist diese Kennziffer vielleicht noch relevant. Doch wenn in Zukunft sowieso nur noch erneuerbare Energieträger zum Einsatz kommen, können wir sie auch vernachlässigen. Die entscheidenden zwei Punkte liegen aber im Einsatz der Pflanzenkohle: Erstens kann aus Pflanzenkohle im Verhältnis 1:5 anaerob Terra Preta hergestellt werden, womit bis zu 3 Mal mehr CO_2 zurückgebunden wird. Zweitens kann bei einem guten Humusaufbau mit zusätzlichem CO_2-Eintrag da gerechnet werden, wo Terra Preta ausgetragen worden ist. Konservativ gerechnet wird also die CO_2-Rückbindung bei der Herstellung von Terra Preta verdrei-

140 Maria L. Cayuela et al.: The molar H:Corg ratio of biochar is a key factor in mitigating N_2O emissions from soil. Agriculture Ecosystems and Environment 202 (2015), S. 135–138.

facht und über einen Jahreshorizont von 30 Jahren verdoppelt. Insgesamt kommt man also bei dieser Anlage auf eine Rückbindung von ungefähr 4.000 Tonnen CO_2 bei einer Jahresproduktion von 350 Tonnen. Mit einer Tonne produzierter Pflanzenkohle wird ungefähr das Zehnfache an CO_2 sequestriert.[141]

Dieser Faktor ist aber nochmals zu relativieren, da der zusätzliche »automatische« Humusaufbau dank der Terra Preta stark vom bereits vorhandenen Sättigungsgrad (dabei spielt das Verhältnis von Stickstoff zu Kohlenstoff eine zentrale Rolle), aber auch vom Lehm- bzw. Sandgehalt der Erde abhängt. Selbst wenn man nur noch mit einem Faktor 5 rechnet, erhöht sich das geschätzte Rückbindungspotenzial von 1,8 bis 3,3 $GtCO_2e$ (s. oben) auf 9 bis 16,5 $GtCO_2e$ pro Jahr. Kombiniert mit einer sinnvollen Agrowaldkultur, welche den Eintrag von Biomasse sowohl für die Biocharkohle als auch die anaerobe Kompostierung liefert, ließe sich bei einer sich daran orientierenden Landwirtschaft der Wert relativ einfach auf den Sollwert von mindestens 20 GtCO2e-Reduktion erhöhen, ohne die Nahrungsmittelproduktion zu konkurrenzieren. Im Gegenteil: Böden aus Terra Preta sind überdurchschnittlich fruchtbar und resistent gegen Auswaschung und können gerade in Zonen, wo mit langen Trockenperioden oder hohen Niederschlagsmengen in kurzer Zeit zu rechnen ist, zum Einsatz kommen. In der Kombination von Biochar, Aufforstung und Humusaufbau liegt ein immenses Potenzial, das es im großen Stil zu nutzen gilt. Es darf hier jedoch nicht die Illusion entstehen, dass der Boden alles, was wir im Moment ausstoßen, auch absorbieren kann. Dazu fehlen erstens die Rohstoffe und zweitens können sich die Organismen im Boden nicht von totem Material ernähren. Es führt kein Weg daran vorbei, gleichzeitig die CO_2-Emissionen systematisch auf Null zu reduzieren.

141 Dafür wurde die Tabelle der Riedlingsdorfer Schwarzerde, welche die Terra Preta nachahmt und unter dem Label Sonnenerde verkauft wird, leicht modifiziert wiedergegeben: http://www.sonnenerde.at/index.php?route=common/page&id=1254 (Januar 2023).

WIR KÖNNEN NUR NOCH HANDELN

Bis jetzt ist die Landwirtschaft eine der größten Klimagasemittenten. Die Urbarmachung und Bearbeitung von Ackerböden, dann aber auch die Massentierhaltung und insbesondere die Haltung von Wiederkäuern sowie der Eintrag von Kunstdünger führen zu einem immensen Ausstoß von CO_2, Methan und Lachgas.[142] Die Landwirtschaft hat sich vom CO_2-Emittenten zum CO_2-Immittenten zu wandeln. Die Kapazitäten sind groß, aber nicht unbeschränkt. Europäische Länder könnten hier eine Vorreiterrolle spielen, gerade auch weil ein Großteil des EU-Budgets in die Landwirtschaft fließt. Die Kombination der drei skizzierten kulturlandbasierten Möglichkeiten der CO_2-Rückbindung bildet die nachhaltigste und effektivste Variante, welche den Flächenertrag der Landwirtschaft erhöht und gleichzeitig von fossil basierten Düngemitteln entbindet. Man spricht von bis zu 950.000 Quadratkilometern, auf denen Biochar eingesetzt werden könnte. Diese Fläche kann dezentral und global in verschiedenen Klimazonen in einem Kreislaufsystem von Agrowaldwirtschaft (*agroforestation*), Biochar und Humusaufbau organisiert werden. Dabei wird nur ein Teil der Biomasse von Bäumen zu Biochar pyrolisiert, zusammen mit leicht abbaubarer Biomasse (wie feinen Ästen und Blättern sowie Ernteresten) wird Terra Preta hergestellt, welche zum Humusaufbau eingesetzt wird. Dank der höheren Resilienz kann der Pflanzenwuchs zur Erzeugung sowohl von Nahrungsmitteln als auch von Biomasse erhöht werden. Damit kann auf derselben Fläche die Humusschicht weiter wachsen und die CO_2-Rückbindung nach Belieben fortgesetzt werden.

142 Zum Ausstoß insbesondere von Methan und Lachgas in der Viehzucht s. die einschlägige Studie der FAO unter der Leitung von Henning Steinfeld: Livestock's long shadow: environmental issues and options. Rom 2006, http://www.fao.org/newsroom/en/news/2006/1000448/index.html (Januar 2023). In CO_2-Äquivalenten an Klimagasen trägt die Viehzucht mit 18 % zur anthropogenen Klimaerwärmung bei. Dazu kommen die Überweidung und der nachhaltige Verlust von fruchtbaren Weideflächen durch Erosion.

Notwendig ist die Entscheidung, die Land- und Forstwirtschaft für die Kohlendioxidrückbindung in die Pflicht zu nehmen. Dafür ist die Subventionspolitik neu zu regeln; wahrscheinlich ist sie zu internationalisieren und zu vereinheitlichen. Für jede Landwirtschaftsfläche wird weniger die Nahrungsmittelproduktion, sondern die messbare CO_2-Rückbindung unter der Bedingung der Erhöhung und Stabilisierung von Biodiversität unterstützt. Zu überlegen wäre, wie lokal zusätzlich Kreislaufsysteme von Agrowaldwirtschaft, Biochar und Humusaufbau gefördert werden können, welche nicht primär auf die Nahrungsmittelherstellung zielen. Abgesehen von garantierter Biodiversität könnten solche Systeme wahrscheinlich weitgehend automatisiert installiert und gepflegt werden. Die Wahrscheinlichkeit, dass eine dekarbonisierte Landwirtschaft dank der Digitalisierung und dank einer qualitativen Aufwertung von Nahrungsmitteln möglich wird, ist größer als eine rein technisch sinnvolle CO_2-Rückbindung.

Abschließend ist festzuhalten: Es gibt eine konsistente und allgemein nachvollziehbare Erzählung. Die Gefahren der aktuellen Pfadabhängigkeiten sind bekannt. Gleichzeitig existieren vielleicht heute zum Teil noch ungewohnte, aber ökonomisch sinnvolle Lösungsvorschläge. Natürlich müssen sie nochmals überprüft und eventuell revidiert werden. Zudem sind diese Überlegungen auch als Training im Hinblick auf andere Szenarien zur Lösung des drängendsten Problems der Gegenwart zu verstehen. Für Individuen, aber auch für Entscheidungsträger in Wissenschaft und Politik, in Recht und Ökonomie können sie eine Anleitung zu schlüssigem und kohärentem Handeln sein, hin zu einer dekarbonisierten Welt. Denn die Zeit der ständigen Appelle ist vorbei. Wir können nur noch handeln.

Statt eines Nachworts: Auf die kleinen Dinge hören

Wenn es nur noch zu handeln gilt: Welche konkreten Handlungsanweisungen gibt es, um im Hinblick auf die Klimagase eine Lösung zu finden? Ich kann es nur noch einmal unterstreichen: So schnell wie möglich dekarbonisieren und gleichzeitig beginnen, die CO_2-Rückbindung hochzuskalieren. Hier ist heute der Bruch zu vollziehen – im Privaten, im Beruf wie in der Politik. Ist in einem der Felder ein Klimagasausstoss nicht vermeidbar (z. B. bis zum Ersatz einer Heizung), ist zur Netto-Null-Lösung auf eine Triple-A-Lösung zurückzugreifen: Kompensieren (ich sorge dafür, dass andere den Umstieg heute machen), Zurückbinden (ich lasse die CO_2-Äquivalente, welche mein Ausstoß im Hinblick auf den Treibhauseffekt generiert, direkt im Boden einspeichern in Form von Humusaufbau) und Marktentzug (ich kaufe CO_2-Emissionszertifikate im EU-Emissionshandel und vernichte sie). Als Übergangsphase bis zur vollständigen Dekarbonisierung sollte dieser Dreischritt konsequent von der Politik gefordert und gleichzeitig im Privaten wie im Beruf umgesetzt werden. Das wäre die rein technizistische Lösung, welche uns aber schon sehr weit bringt. Dennoch möchte ich an dieser Stelle noch einen weiteren Schritt vorschlagen, der darauf abzielt, die Unterscheidung zwischen Natur und Kultur durch eine neue Wahrnehmungsform auszuhebeln.

Wir befinden uns heute in einer postrevolutionären Phase. Die Revolution hat uns bereits überrannt. Erst jetzt beginnt es uns zu dämmern, dass wir Prozesse losgetreten haben, die wir nur schwer oder gar nicht umkehren können. Die Revolution ist keine Krise mehr im historischen Sinn. Die Revolution ist geohistorischer Natur, weil die Erde direkt unsere Geschichte zu bestimmen beginnt: Unsere große Beschleunigung hat die Grenzen unseres Planeten überschritten. Dies betrifft die in diesem Buch aufgezeigten Bereiche: neben der Klimakatastrophe auch die schwindende Biodiversität, Versauerung der Ozeane und Landnutzung. Wir stellen aufgrund der naturwissenschaftlichen Faktenlage fest, dass es eine Interdependenz zwischen Fakten und unserer Haltung dazu gibt. Wir können nicht mehr von der Natur sprechen, ohne unser Handeln daran zu messen. Denn der heutige Naturbegriff ist Teil des heutigen Problems. Die Unterscheidung zwischen Natur und Kultur hat uns in eine Falle gelockt. So fordert insbesondere die visuelle Wahrnehmung traditionell die Trennung zwischen dem wahrnehmenden Subjekt der Kultur und dem wahrgenommenen Objekt der Natur ein. Drei Fragen stehen heute im Zentrum: Welchen Punkt haben wir heute inzwischen erreicht und was könnte Natur angesichts der gegenwärtigen Herausforderung bedeuten? Wie nehmen wir die Natur wahr und wie sprechen wir darüber? Welchen Kulturbegriff sollten wir entwickeln, der nicht im Gegensatz zur Natur steht, sondern Kultur als Symbiose innerhalb der planetaren Grenzen versteht?

Solange wir die Natur »Umwelt« nennen, tun wir so, als ob die Natur uns nicht direkt betrifft, sondern nur umgibt. Dieses Urteil gilt selbst den »Umwelt«-Wissenschaften – sei es im Bereich der Ingenieur-, Natur-, Sozial- oder Geisteswissenschaften. »Ökologisch« oder »natürlich« sind in unserer heutigen Welt Begriffe, die uns entweder ein gutes Gewissen versprechen oder uns in den Wahnsinn treiben zwischen Depression und Hyperaktivität. Die Natur kann nicht einfach Thema einer bestimmten politischen Partei oder eines Verbands sein. Natur bestimmt heute einen höchst moralischen Maßstab – vergleichbar mit dem Naturgesetz der Aufklärung. Natur ist direkte Politik. Die Natur ist Politik, seit wir die planetaren Grenzen überschritten haben. Die Natur ist Politik, seit die geohistorische Revolution uns überrollt. Noch erstaunlicher ist das Nichthandeln der Politik selbst. Sie verhält sich so, als könnte es irgendwie dennoch so weitergehen wie bisher. Das Problem übersteigt aber den Krisenmodus vollends: Erstens reichen die Folgen weit über die nächsten zehn Generationen hinaus. Zweitens beeinflusst die Natur uns in unserem innersten Wesen – in meiner Mobilität, in meiner Nahrung, in all meinen Handlungen. Unser Planet ist sehr begrenzt. Die Natur ist nur die dünne Schicht der Biosphäre. Wir werden uns ihrer Zerbrechlichkeit jeden Tag bewusster. Gleichzeitig ist die Natur erdgebunden – wie wir selbst. Die Natur kann nicht einfach das Objekt unserer Betrachtung sein. Vielmehr ist sie sensibles, aktives, aber auch leicht zerstörbares Subjekt.

In der ästhetischen Tradition bildet die visuelle Wahrnehmung eine Falle. Laut dem Denker der zweiten Hälfte des 18. Jahrhunderts Gottfried Herder ist das Sehen der oberflächlichste der Sinne. Im Sehen nehmen wir nur Oberflächen wahr; wir als Betrachter werden nur oberflächlich berührt. Die Trennung zwischen uns Wahrnehmenden und dem wahrgenommenen Objekt ist im Visuellen naheliegend. Das betrachtete Objekt wird traditionell so operationalisiert, dass es als das konfiguriert wird, was uns umgibt und nicht als das, was uns betrifft. In besonderer Weise gilt dies für das Stillleben und die Landschaft. Im Stillleben des 17. Jahrhunderts wird die Natur stillgestellt in Form der *nature morte.* Dadurch wird die tote Natur zum Kunstobjekt, in dem die visuellen Techniken – wie Perspektive, Reflexion, Farbkomposition – ausgestellt werden. In der Landschaft des 19. Jahrhunderts wird unsere Umwelt mit den gleichen Mitteln in Kategorien der Erhabenheit überhöht. In beiden Fällen bezieht sich die Abbildung der Natur – platonisch formuliert – auf etwas Drittes, auf die Abstraktionen von Schönheit und Erhabenheit. Die Natur ist daher lediglich Anlass für die Selbstdarstellung der Kunst. So degradieren wir Natur zur Passivität. Die Abhängigkeit des Subjekts vom Objekt wird bewusst aufgehoben. Die Art und Weise, wie wir das Objekt betrachten, beeinflusst das Objekt selbst. Heute gibt es zwei Möglichkeiten, darauf zu reagieren: Entweder brechen wir radikal mit dieser Tradition und machen eine ästhetische *tabula rasa*, oder wir hinterfragen gezielt die traditionellen Techniken wie Perspektive, Reflexion, Farbkomposition. Die Chance der darstellenden Künste sehe ich heute in der De-Objektivierung ihrer Gegenstände und in der Immersion, in welcher die Außenwelt zur Innenwelt von uns Betrachtenden wird.

Wie bringen wir jetzt Wahrnehmung, Wissenschaft und Politik angesichts der heutigen Herausforderungen der Biosphäre zusammen? Beginnen wir mit den Naturwissenschaften: Die fundierten Erkenntnisse kommen nicht mehr aus der hochspezialisierten Teilchenphysik oder Mathematik, wie man es im 20. Jahrhundert erwartet hätte. Wie in diesem Buch gezeigt, kommen die neuen Erkenntnisse aus der Klima- und Geowissenschaft. Die Fakten setzen sich aus relativ einfachen Einzelparametern zusammen. Ihre Feinabstimmung und Kombination erfordert, dass die naturwissenschaftlichen Fächer hochgradig zusammenarbeiten müssen, was in hohem Maße institutionalisiert worden ist und dadurch auch die Verlässlichkeit garantiert. Es gibt also keine narrensichere lineare Beweisführung mehr, sondern die komplexe Kombination von zahlreichen unscheinbaren Zahlen und Prozessen. Erst in der dichten und hohen Datenmenge erhärtet sich das wissenschaftliche Faktum. Die Naturwissenschaft behält ihre Objektivität nicht mehr in der Reduktion auf ein spezialisiertes Feld, sondern in der wissenschaftlichen Objektivierung von institutionalisierten Prozessen. Ästhetisch gesehen können wir mit der Zentralperspektive der Stillleben- und Landschaftsmalerei nichts mehr anfangen. Neue Anforderungen werden an unsere Wahrnehmung gestellt: Unser ganzer Körper ist mit all seinen Sinnen gefragt. Wir müssen vor allem lernen, wieder zuzuhören.

Die Natur besteht aus all den kleinen Dingen, zu denen wir gehören und auf die wir hören sollten. Diese kleinen Dinge sind allesamt Handlungsträger in unserer Welt und bestimmen die geohistorische Revolution weiter. Es handelt sich um sterbende Arten, trockene Sümpfe und brennende Wälder, schmelzende Gletscher oder ausgebleichte Korallenriffe. Die kleinen Dinge sind aber auch Klimadaten, steigende Meeresspiegel, überflutete Felder und Städte. Die Wissenschaft gibt diesen stillen Kleinigkeiten eine Stimme – für die wir eine Öffentlichkeit schaffen. Diese Stimmen sind per se politisch, weil sie unsere Politik, unsere Wirtschaft, unsere Organismen, unser innerstes Denken betreffen. Unsere Wahrnehmung der wirklichen Dinge ist nicht mehr von wissenschaftlichen Befunden zu trennen. Dadurch bildet sich eine Politik aus, welche die Stimmen der Natur nicht als eigenständige Naturgesetze ästhetisiert oder versachlichen und so von uns fernhält. Kohärenz politischen Handelns entsteht aus der Erkenntnis, dass die Stimmen politisch sind. Es sind Stimmen der dünnen Biosphäre, zu der wir gehören.

Wir sprechen von den kleinen Dingen stets im Plural. So sollten wir auch von Kulturen in der Mehrzahl sprechen. Es gibt nicht nur einen Lösungsweg. Obwohl wir gerade im Hinblick auf die Klimakatastrophe immer in globalen Zusammenhängen zu denken gezwungen sind, ergeben sich je nach historischer Bringschuld und ökonomischen Möglichkeiten sehr unterschiedliche Handlungsfelder. Die Lebensräume sind sehr unterschiedlich. Und ebenso unterschiedlich haben traditionelle Kulturen auf die lokalen Herausforderungen der Biosphäre reagiert: Denken wir nur an die präkolumbischen Kulturen im Amazonas, welche der Natur mit der Terra Preta zusätzlich Fruchtbarkeit verliehen haben; denken wir nur an traditionelle alpine Kulturen, dank derer die Biodiversität sogar noch zugenommen hat. Kurz und gut und so naiv es zunächst klingen mag: Wir können aus der Geschichte lernen. Die Herausforderungen nach der geohistorischen Revolution sind plötzlich neu: sich selbstentzündende Tropenwälder oder auftauender Permafrost. Ein einfaches *retour à la nature* macht keinen Sinn. Noch weitere Sensibilisierungskampagnen reichen nicht mehr aus. Die Biosphäre erträgt unsere fossile Energiebilanz schlichtweg nicht mehr und schlägt mit voller Wucht zurück. Deshalb tragen wir heute kulturelle Verantwortung und wir müssen uns fragen: Welche Kulturformen brechen mit der Hybris der Grenzenlosigkeit? Welche Kulturformen im Alltag binden uns an unseren Planeten zurück? Hören wir auf die Stimmen der kleinen Dinge.

Lektürehinweise

WISSENSCHAFTLICHE GRUNDLAGEN ERHALTEN

Johan Rockström et al.: Planetary Boundaries: Exploring the Safe Operating Space for Humanity. In: Ecology and Society 14 (2009).

Dieser Fachartikel bietet einen einmaligen Überblick über die planetaren Grenzen wie Versauerung der Ozeane, stratosphärischen Ozonabbau, atmosphärische Aerosolbelastung, Phosphor- und Stickstoffkreislauf, Süßwasserverbrauch, Landnutzungsänderung, genetische sowie funktionelle Diversität und natürlich Globale Erwärmung. Darin wird auch der Wert von 350 ppm als planetare Grenze festgehalten. Online abrufbar.

Fünfter Sachstandbericht des IPCC / Fifth Assessment Report of the Intergovernmental Panel on Climate Change (IPCC):
Assessment Report 5 (AR5) Synthesis Report: Climate Change, https://www.ipcc.ch/report/ar5/syr.
Assessment Report 5 (AR5) Climate Change 2013: The Physical Science Basis, https://www.ipcc.ch/report/ar5/wg1.
Assessment Report 5 (AR5) Climate Change 2014: Impacts, Adaptation, and Vulnerability, https://www.ipcc.ch/report/ar5/wg2.
Assessment Report 5 (AR5) Climate Change 2014: Mitigation of Climate Change, https://www.ipcc.ch/report/ar5/wg3.

Die Grundlage des Buchs bilden die gesammelten Daten und Szenarien im fünften IPCC-Sachstandbericht 2014 (AR5). Er umfasst verschiedene Teile, die alle online abrufbar sind. Der nächste vollständige Sachstandbericht folgte 2022. Aus diesem Grund lohnt es sich, die neuesten Erkenntnisse den folgenden Zwischenberichten zu entnehmen.

Zwischenbericht 2017: Emissions Gap Report 2017 (EGR 2017), https://www.unenvironment.org/resources/emissions-gap-report-2017.

Dieser Zwischenbericht zeigt im letzten Kapitel die verschiedenen Rückbindungsmöglichkeiten und ihre Kapazitäten auf.

Zwischenbericht 2018: Special Report 2018 Global Warming of 1.5 °C, https://www.ipcc.ch/sr15/ oder https://www.unenvironment.org/resources/emissions-gap-report-2018.

Dieser Zwischenbericht unterstreicht, dass die Klimaerwärmung unbedingt auf 1,5 °C begrenzt werden sollte, weil die vor 2013 veranschlagten 2 °C, die eingehalten werden sollen, zu viele Rückkopplungen auslösen und bisher stabile Systeme der Biosphäre aushebeln.

Zwischenbericht 2019: IPCC Special Report on the Ocean and Cryosphere in a Changing Climate, https://www.ipcc.ch/srocc/home oder https://www.unenvironment.org/resources/report/ipcc-special-report-ocean-and-cryosphere-changing-climate.

Dieser Zwischenbericht macht darauf aufmerksam, wie wichtig das Eis in Arktis, Antarktis und in Gebirgen ist und wie sehr die Ozeane die Klimagaswirkung bisher gedämpft haben. Gleichzeitig wird deutlich, dass bei einer Überschreitung der 1,5 °C die Rückkopplungseffekte durch Ozeanversauerung, steigende Meeresspiegel, fehlende Süßwasserspeicher und Albedoreduktion höchst gravierend sind.

DIMENSIONEN VORSTELLBAR MACHEN

Warmzeit. Klima, Mensch und Erde. Edition Le Monde diplomatique N°20 (2017).

Dieses Sonderheft von *Le monde diplomatique* reagiert auf den Klimagipfel von Paris 2015, bespricht die wichtigsten Problemfelder und bringt in Darstellungen und prägnanten Aussagen die Dimensionen der Globalen Erwärmung auf den Punkt.

Carbonvisuals, http://www.carbonvisuals.com.

Diese Website visualisiert projektweise in verschiedenen Konstellationen und in besonders eindrücklichen Darstellungen den fossilen Verbrauch und den CO_2-Ausstoß.

Timothy Morton: Hyperobjects. Philosophy and Ecology after the End of the World. Minneapolis/London 2013.

Wer es besonders theoretisch mag, kommt hier voll zum Zug. Zwar bildet die Klimaerwärmung nur eines, aber das prominenteste Beispiel von Hyperobjekten, unter anderen wie die Atombombe. Wir können das Hyperobjekt eben so schlecht rationalisieren, weil wir mitten drinstecken und seine Auswirkungen nicht in den

Blick bekommen. Interessanterweise verwendet Morton vor allem Beispiele aus der akustischen Kunst, um eine Ahnung zu vermitteln, wie existentiell wir dem Hyperobjekt ausgeliefert sind.

David Wallace-Wells: Die unbewohnbare Erde. Leben nach der Erderwärmung. Aus dem Amerikanischen von Elisabeth Schmalen. München 2019.

Wer es hingegen einfacher, besonders genau dokumentiert und umso furchterregender mag, kommt um dieses Buch des stellvertretenden Chefredakteurs des *New York Magazine* nicht herum. Die Beispiele von Klimakatastrophen, von »Elementen des Chaos« wie Hitzetod, Hunger, Flächenbrand oder Klimakonflikte, stammen aus unserer Gegenwart, und wir wissen: Es kann nur schlimmer kommen. Schlaflosigkeit garantiert.

KLIMAPOLITISCHE LEITPLANKEN: KONKRET UND ALLGEMEIN

Marcel Hänggi: Null Öl. Null Gas. Null Kohle. Wie Klimapolitik funktioniert. Ein Vorschlag. Zürich 2018.

Der langjährig ausgewiesene Klimajournalist bietet nicht nur einen einschlägigen Überblick über Grundlagen und Strategien der gegenwärtigen Klimapolitik. Gleichzeitig legt er mit diesem Buch das Fundament für die Schweizer Gletscherinitiative, welche er angestoßen hat und die Ende 2019 eingereicht wurde.

Bruno Latour: Das terrestrische Manifest. Berlin 2018.

Zwar theoretischer, aber nicht minder einschlägig bringt der Doyen der Umweltsoziologie und -philosophie globale Ungleichheit und Klimaleugnung zusammen und propagiert ein Modell, wie die soziale und ökologische Frage zusammenspielen müssen in der »terrestrischen« Dimension.

KLIMA-BERECHNUNG UND KLIMA-VERANTWORTUNG

Friederike Otto: Wütendes Wetter. Auf der Suche nach den Schuldigen für Hitzewellen, Hochwasser und Stürme. Berlin 2019.

Die Physikerin hat die Attribution Science mitentwickelt, welche immer genauer berechnen kann, wie viel Globale Erwärmung in zerstörerischen Wetterextremereignissen steckt. Die Verursacher können dafür verantwortlich gemacht und zur Kasse gebeten werden.

VOLLSTÄNDIGE DEKARBONISIERUNG DES ENERGIEKONSUMS

Roger Nordmann: Sonne für den Klimaschutz. Ein Solarplan für die Schweiz. Basel 2019.

Hat man noch bei der Annahme des neuen Energiegesetzes in der Schweiz anfangs 2017 beschlossen, vorab den Atomausstieg durch erneuerbare Energieträger abzudecken, so erhöht sich der Bedarf zusätzlich durch die Dekarbonisierung aller Lebensbereiche, insbesondere der Mobilität und der Klimatisierung von Gebäuden. Sowohl Nordmanns Vorschlag als auch die folgenden Studien setzen auf den heutigen Stand von Windkraft und Photovoltaik für die vollständige Elektrifizierung des Individualverkehrs und für Wärmepumpen im Gebäudebereich. Dadurch wird die Effizienz im Unterschied zu fossilen Energieträgern massiv gesteigert. Das Speicherproblem der Energie aus PV vor allem im Winterhalbjahr kann durch das Brechen von Produktionsspitzen im Sommer und durch zusätzliche Windkraftwerke gemeistert werden. Was für die Schweiz Sinn macht, gilt fast europa-, wenn nicht weltweit: der massive Aufbau von PV-Anlagen.

Vangelis Panos, Ramachandran Kannan: Challenges and Opportunities for the Swiss Energy System in Meeting Stringent Climate Mitigation Targets. In: Limiting Global Warming to Well Below 2 °C: Energy System Modelling and Policy Development. Lecture Notes in Energy 2018 (April 2018).

Nadja Sperr, Jürg Rohrer: Dekarbonisierung des Schweizer Energiesystems. Zürcher Hochschule für Angewandte Wissenschaften: www.zhaw.ch/iunr/erneuerbareenergien.

KONKRETE HANDLUNGSANWEISUNG FÜR DEN ALLTAG

Christoph Drexel: Warum Meerschweinchen das Klima retten. München 2019.

Mit viel eingängigem Anschauungsmaterial zeigt der einstige Technologie- und Marktführer für Passivhäuser auf, wie man in den Bereichen Mobilität, Urlaub, Wohnen und Bauen, Freizeit und Konsum effizient und gesamtheitlich, aber auch spielerisch den eigenen CO_2-Fußabdruck massiv reduzieren kann. In den so genannten Meerschweinchen-Tests lässt sich berechnen, wie und wo man bei sich selber am besten ansetzen kann. Und last, but not least zeigt der Autor auch, welches Haustier vielleicht sogar zur CO_2-Reduktion beitragen kann, im Unterschied zu Hund und Katze.

Matthias Plüss: Tun Sie was! Eine Anleitung von A bis Z zur Rettung der Welt. Das Magazin vom Tagesanzeiger 13 (13. März 2019).

Wer immer noch unsicher ist, wie er seinen Alltag am besten dekarbonisiert, wie veganes Essen hilft, warum Plastikverpackung vielleicht weniger schlimm ist, als Lebensmittel zu entsorgen, und warum das Fliegen ein absolutes Luxusgut ist, mit dessen Verzicht man die eigene Lebensqualität erhöht, findet hier einschlägige Antworten.

❧

Ein besonderer Dank geht an meine Studierenden, die mit ihren Fragen und Ergänzungen in der Vorlesung »CO_2 – die Herausforderung der Gegenwart« im Herbstsemester 2018 die Erzählung vervollständigt haben. Ebenso bin ich dem Illustrator Ralph Sonderegger zu besonderem Dank verpflichtet für seine fristgerechte Lieferung der eindrücklichen Zeichnungen. Andreas Bäumler und David Bruder danke ich für Ergänzungen, Recherchen und Präzisierungen und, last but not least, Margot Fischer seitens des Verlags für die kritische Durchsicht, die hilfreichen Korrekturen und die äußerst wertvollen Änderungs- und Ergänzungsvorschläge.